DE LA EDICIÓN A LA *EDIACCIÓN*

En la senda de la actoescritura y la actolectura

LUIS DE LA RASILLA

Edición en papel con acceso libre a la versión digital en *pdf*
2021

A Dani Viola Luzón,
'padre' del vocablo ediacción,
y a los demás personajes imaginarios y reales
—con las obligadas excepciones— de
"Noticia de un amanecer fugaz".

ÍNDICE

LUIS DE LA RASILLA

Sevilla, 1948.
luisdelarasilla@gmail.com

Doctor. Licenciado en Ciencias Políticas, Estudios Internacionales. Fue secretario general de la UEF (Unión Europea de Federalistas, España) y promotor, a finales de los setenta, de la Asoción para la Integración Europea (AIE) y de la Sociedad Iberoamericana de Estudios Europeos (SIAE). ⌂ Ha sido profesor de Derecho Internacional y Relaciones Internacionales en la UNED y en las Universidades de Sevilla y Huelva; Jefe del gabinete técnico del rectorado de la UNED y director de su Programa en Guinea Ecuatorial; subdirector de la Universidad Hispanoamericana de la Rábida y vicedecano de la Facultad de Derecho de la Universidad de Huelva.

NOTA DEL AUTOR

Utiliza estos dos *códigos QR*. El primero permite adquirir la *ediacción* digital para leer en un libro electrónico y el segundo descargar libremente la *ediacción* completa en formato *pdf*.

SÍMBOLOS

De la edición a la ediacción utiliza tres tipos de recursos que pueden activarse en un soporte digital:
- Transmedia: ⌂ ✂ ☺ 🎞 🎬 ♪ ⓘ ▦
- Propios de la actoescritura: iα α⊳ ₅0Pι
- Facilitadores de la lectura: **recuerda, lee+, regresa**

ANTECEDENTES

Hace algunos años, cuando reflexionaba sobre cómo involucrar en la defensa de los intereses globales de los seres humanos a los millones de personas que ocupan su ocio navegando por Internet, se sentaron a mi lado, en un local de acceso público a la red, tres mozalbetes de no más de doce años que comenzaron a hacerlo a golpes de timón absurdos y disparatados. ¿No habría algún modo, pensé, de que, en su escuela o instituto, alguien les propusiese un rumbo más productivo?

Se me ocurrió entonces que, tal vez, alguno de sus profesores o profesoras podría encargarles que buscasen en la red iniciativas, por ejemplo, en defensa de los derechos humanos, de la no discriminación, del interculturalismo o del medio ambiente: propuestas de acción o *ciberacciones* que ellos compartirían con sus compañeros de clase. Imaginé también que aquellos docentes, como la gran mayoría de sus colegas y demás residentes en el entorno, se encontraban participando en una sugestiva y multitudinaria plataforma —tipo PAUTA/e 3.0— para la autoformación y a la acción ecociudadanas (AEE).

> **PAUTA/e 3.0**
> Acrónimo de plataforma 3.0 de autoformación y acción ecociudadanas. Modalidad de herramienta experimental *suis generis* para la autoformación y la acción ecociudadanas (AEE), dotada de un conjunto articulado de soportes especializados de libre utilización por un número de participantes potencialmente ilimitado.

Y, ¿por qué no?, —alcancé a soñar— que alguno de aquellos escolares, los tres, tal vez, y, por supuesto, muchos de sus compañeros, acabarían habituándose a concebir, diseñar y subir a Internet sus propias propuestas de acción en defensa de intereses colectivos. Ejercicio de gran utilidad que podrían llevar a cabo recurriendo, por ejemplo, a mecanismos o aplicaciones como las *CPCR* o cadenas de prestación colectiva por relevos. Quehacer que brindaría sugestivas oportunidades de participación a ingentes cantidades de personas comprometidas, como ellos, en la tarea colectiva de construir una accesible y popular agenda global colaborativa para la acción. Hábito, que de generalizarse desde la infancia, posibilitaría, por fin, que la futura ciudadanía transitase por la senda de la ecociudadanía.

Estado, sujeto pleno de derechos y deberes, facultado
para intervenir en su gobierno. Es la condición de todo
ser humano, titular de una parte alícuota de la soberanía
mundial, legitimado para participar, con independencia
de su adscripción nacional, en cualesquiera asuntos
públicos en pro del desarrollo humano de todos los
habitantes del planeta, mediante la satisfacción de sus
necesidades, sin comprometer el de las
futuras generaciones.

El hecho es que, ya en nuestro tiempo, el usuario de Internet recibe en su buzón electrónico variopintas invitaciones a la acción en defensa de todo tipo de causas de interés colectivo que tienen su origen en cualquier parte del mundo. Y, en todo caso, sólo hay que navegar por la red para descubrir múltiples oportunidades en pro de la promoción y defensa del republicanismo global.

REPUBLICANISMO

De *res pública*, que es distinta de *res privata* o cosa
privada y de *res institutionale* o cosa institucional.
El republicanismo concibe la sociedad civil
como una profundización en la democracia a
través del protagonismo de los ciudadanos.
Dícese de la preocupación de la sociedad civil
por los asuntos públicos.[1]

REPUBLICANISMO GLOBAL

Republicanismo ejercido con actitud ecociudadana.

ACTITUD ECOCIUDADANA

---

[1] Concepto, pues, que no presupone la forma de Estado. De hecho, y dicho sea de paso, confieso que en este momento, con el modelo de jefatura del Estado establecido en la Constitución, me siento muy bien representado por el rey Felipe VI.

Alternativa, responsable, solidaria y comprometida
con la definición, formulación y defensa
de los intereses comunes de los seres
humanos asociada al derecho y al deber
de participar directamente en los asuntos
públicos que afectan a la comunidad
internacional en su conjunto.

De ahí mis inquietudes y preguntas de entonces. ¿Cómo simplificar el proceso de búsqueda de causas de interés colectivo en Internet? ¿Cómo involucrar a un número creciente de potenciales activistas virtuales? ¿Cómo lograr, incluso, que éstos nuevos navegantes solitarios del ciberespacio cultiven tan creativa afición a concebir y subir ordenadamente a la red sus propias propuestas de acción? ¿Cómo poner a punto una especie de agenda global para la acción, colaborativa y popular, que simplifique y diversifique este quehacer?

El resultado fue una peculiar iniciativa que originalmente denominé AVISPA —Agenda virtual de iniciativas y sugerencias para la acción—, luego WIKIACT y finalmente WIKIACCIÓN. ✂ Agenda que, en su inicio en los noventa, se limitó a ser un instrumento muy rudimentario asociado al material didáctico experimental del Proyecto INTERSUR PARA LA INNOVACIÓN POLÍTICA ✂ y, posteriormente, a la promoción de la Iniciativa *¡ALE LEA!,* que presenté en la conferencia inaugural del *Congreso Internacional Phonetic-Ace Award,* celebrado en la Facultad de Filología de la Universidad de Sevilla, en diciembre de 2016.

¡ALE LEA! —acrónimo de *"actúa leyendo, lee actuando"*— es, pues, mi actual propuesta para la promoción de un nuevo y revolucionario modelo de edición —

la ediacción— que anuncié por primera vez en la primera edición (2015) de mi e.novela de texto *Noticia de un amanecer fugaz.* ☞

ACTÚA LEYENDO, LEE ACTUANDO

¿Ediacción? Debería comenzar definiendo el vocablo, pero teniendo en cuenta determinada circunstancia que el lector no tardará en descubrir, creo justo rememorar el momento en el que *Daniel Viola* —su inventor— tuvo tan feliz ocurrencia.

Fue una mañana de agosto de 2012, en un punto del tramo de la tortuosa carretera que une la ciudad ecuatoriana de Cuenca con Macas, capital de la provincia de Morona-Santiago, cuando los vehículos de nuestra expedición se dirigían al Centro Amazónico para la Eco-ciudadanía.

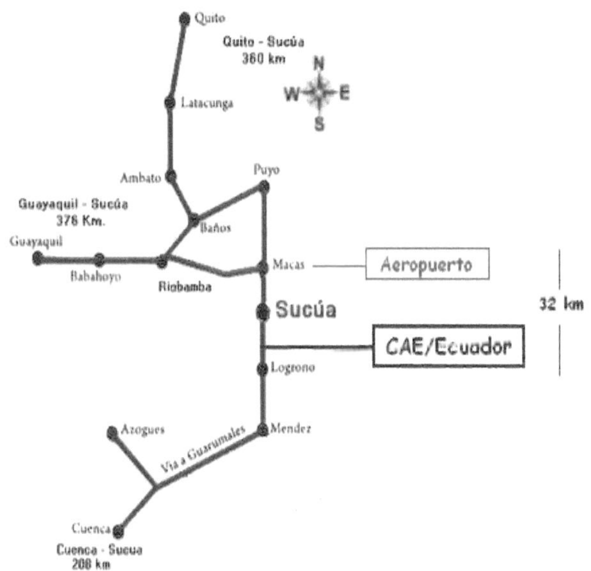

—¡Lo tengo! —exclamó Dani— El campo de la ecdótica ya cuenta con un nuevo vocablo.
—¿Ecdótica? —la colombiana con voz melosa.

—Dícese de la disciplina que estudia los fines y los medios de la edición de textos.

—¡Ah!

—Él es así —Álvaro, observando por el retrovisor el gesto de perplejidad de la chica—. ¿Cuál?

—*Ediacción*, del latín *editĭo, -ōnis* y *actĭo, -ōnis*, edición que incluye recursos para la acción. 🖙

Probablemente podría haber elegido otro vocablo, pero este fue su razonamiento...

—¿Ediacción? Podría servir —Álvaro, sin parecer muy convencido.

—¡Atiende a la carretera! —volvió a recriminarle Tere, satisfecha de haber recuperado su puesto de copiloto en el asiento corrido del *Land Rover* que compartía con Ágata.

—Sigue dándole vueltas; necesitaríamos algo más específico para designar lo que nos proponemos.

—¿Y qué os proponéis? —la chica mulata, decidida a no escatimar su concurso si se trataba de hurgar en el léxico.

—Inventar un término para denominar la edición de textos que incorporen la PF.

—¿*Peefe?*

—Participación fraccionada, Yadira, pero olvídalo, qué es jerga propia de una técnica endiablada que estos se han inventado... ¿cómo la llamáis?

—Asociativo-decisional —precisó Álvaro, celebrando con una sonrisa el recuperado destello de buen humor de María.

—Eso, técnica asociativo-decisional de PF. ¿Te dice algo, Yadira?

—Parece que no —respondió Dani, siempre al quite, poniendo voz a la negación de la colombiana, que aún tardó unos instantes en caer en la cuenta de que los grandes ojos grises y extraviados de María eran incapaces de advertir su expresivo gesto.

—¿Te lo cuento?

—Claro —entrando al trapo.

—¡Yadira, por Dios, no les des alas! — María.

—Hazlo —ordenó Tere—, pero ni te enrolles, ni continúes apartando la vista de la carretera. ¡Qué manía!

—Seré telegráfico: modelo de nueva generación que asocia la participación política al ocio. Ni más, ni menos. Puedes llamarlo *ps*, *pda* o *pic*, es decir, participación sucesiva, desagregativo-agregativa o por impulsos complementarios. ¿Mejor ahora?

—No.

—Pues tendrás que esperar a que te desvele el misterio la novela de Teresa.[2]

—Nuestra —ella, amagando con pellizcarle.

—¿De eso trata?

—Sí.

—¡Qué amena! —Ágata, con sorna.

—Ahora en serio —prosiguió Álvaro—, la novela de Teresa —la chica, ahora sí, se cebó en su pierna con ahínco— incorpora una serie de símbolos que invitan al lector a ejecutar una panoplia...

—¿Pano... qué?

—Pa-no-pli-a. Del griego; de *pan*, todo, y *hoplon*, arma. Armadura completa con todas las piezas. Colección de armas ordenadamente colocadas. Parte de la arqueología que estudia las armas de mano y las armaduras antiguas. Tabla, generalmente en forma de escudo, donde se colocan floretes, sables y otras armas de esgrima.

—¿Y qué, Dani?

—Que, por extensión, quiere decir colección.

---

[2] Que como habrás deducido se trata de *Noticia de un amanecer fugaz*.

—¿De qué?

—De acciones; desde consultar un documento y oír música, hasta ver fotos, protegerse del sol o malcomer con un consejo culinario de emergencia. ▰

—Les he dicho que es una barbaridad, que deberían limitarse a incluir en el texto los símbolos inherentes a la actoescritura, pero se aferran a su error con denuedo. Vaya, que no se bajan del burro.

—María se refiere a las *infoalfas*, *alfaflechas* y *geopeefes* esparcidas en el relato.

—Repite, Álvaro.

—Las *infoalfas* iα proporcionan la información necesaria para actuar con conocimiento de causa; las *alfaflechas* α➤ muestran un elenco de ciberacciones, previamente recopiladas, susceptibles de ser activadas.

—¿Y geo... qué?

—*Ge-o-pe-efe:* generador de oportunidades de participación fraccionada. gOPf Un símbolo insertado en la narración que invita al lector a que conciba y publique en Internet sus propias propuestas de acción.

—Yadira, te lo advertí: su argot no tiene límites.

—Son símbolos PF que animan al lector-ciudadano a detener momentáneamente la lectura y a ponerse las pilas ante lo que allí se narra o se sugiere —aclaró Tere en un alarde de concisión.

—¡Ya!, —exclamaron ambas al unísono—. Un ejemplo práctico, por favor.

Dani abrió su comunicador, buscó uno de los textos que tenía preparados y se lo envió a ambas.

...Y, qué duda cabe, que todo ello está íntimamente relacionado con el cambio climático. iα *De ahí que resulte esencial involucrar a los ciudadanos en la adopción de medidas personales que contribuyan a ponerle freno* α➤ *y, también, en la tarea colectiva de sensibilización permanente de sus conciudadanos...* gOPf

—Cuando tengáis Internet leed mi mensaje y pulsad en los símbolos.

—Dani, creo que también podría servir el término *ilustracción*. —Álvaro reanudaba su diálogo a través del espejo.

—Sí, pero lo he desechado por su connotación decorativa. —Tajante.

—¡Para y déjame conducir! —decidida a cortar por lo sano el imprudente y reiterado uso del retrovisor.

—A la orden, Teresa guapa.

La idea de acomodarse entre ambas y extender los brazos por detrás de sus hombros le decidió a pasarle los mandos. Y como frenó con cierta brusquedad, *Boliche*, que dormitaba entre el equipaje, ladró sobresaltado. Le había caído encima una mochila, mas no había que descartar en animal tan despabilado que su reacción respondiese al descubrimiento de una mano intrusa que, sin el menor recato, toqueteaba la nuca de su protegida.

—Ilustrar, decía, también es instruir, civilizar...

—Y, dicho de Dios, *alumbrar interiormente a las criaturas con luz.* ¡Nos ha fastidiao! —Dani sólo, en muy contadas expresiones coloquiales, se permitía el dialectal rechazo de la "d" intervocálica. Y nunca, por supuesto, cuando su caída provocaba la fusión de dos vocales haciendo que expresiones como ¿adónde vas? y ¿de dónde vienes? sonasen *¿ande vas?* y *¿onde vienes?*—. Lo que digo, Álvaro, es que la aplicación del verbo ilustrar a una obra literaria resalta la acepción de adornar. Si en la futura portada de *Noticia de un amanecer fugaz*, en vez de aparecer *Ediacción a cargo de María Atauta y Naylea Arce*, se anunciara que ambas son las autoras de las *i-lus-trac-ci-o-nes*, puede que el lector, además de sorprenderse por lo que tacharía de imperdonable errata tipográfica, asociara su aportación a la de Gustavo Doré en la conocida edición ilustrada de *El ingenioso hidalgo Don Quijote de la Mancha.*

—De acuerdo, Dani. Utilicemos *ediacción* para designar el proceso de edición específico de aquellas obras, como *Noticia de un amanecer fugaz,* destinadas *ab initio* a la actolectura y *reediacción* a la actualización y enriquecimiento de las mismas.

Lo cierto, guste o no, es que se trata de tan original e inesperada simbiosis entre la literatura y la política que, al abrir de par en par las puertas a la actoescritura, condicionará el hecho de leer y, en consecuencia, de aprender y de participar en la vida pública.

Un devenir generador de tal empoderamiento ecociudadano que revolucionará el autoaprendizaje y tornará obsoleta la democracia conocida. Y por ello, con toda probabilidad, resultará inicialmente subversivo para la gran mayoría de la pléyade creciente de escritores convencionales, de la maraña editorial que los sustenta y, sobre todo, para aquellos sectores del poder tradicionalmente recelosos de la generalización e intensificación exponencial de procesos de autoformación y acción ecociudadanos.

¿Inexorable transición hacia la actolectura generalizada del futuro? ¿Original simbiosis entre la literatura y la política? ¿Devenir generador de empoderamiento ecociudadano que revolucionará el autoaprendizaje y tornará obsoleta la democracia conocida? ¿Función que condicionará el hecho mismo de escribir, editar y leer? Lo explicaré recurriendo a un texto ediaccionado.

¿EDIACCIÓN?

Sevilla. Antigua Fábrica de Tabacos. A las diez horas de un diecinueve de diciembre. Aula de Grados. Facultad de Filología. Universidad de Sevilla. Congreso Internacional Phonetic-Ace Award. Conferencia inaugural.

PROGRAMA CONGRESO INTERNACIONAL PHONETIC- ACE AWARD

Universidad de Sevilla 19 y 20 de diciembre de 2016

LUNES, 19 DE DICIEMBRE DE 2016 (MAÑANA)

Moderan: Liliana Lizondo y Carmen C. Castro Moreno

CONFERENCIA INAUGURAL

AULA DE GRADOS

10:00h Luis de la Rasilla Sánchez-Arjona

Dr. Ciencias Políticas Profesor de Derecho Internacional

Universidad de Sevilla y Huelva

luisdelarasilla@gmail.com

De la Edición a la Ediacción. En la senda de la Actolectura

Tras la presentación de rigor, realizada por la profesora Carmen Castro, tomó la palabra Álvaro Díaz-Cueto —*un francotirador cuya dilatada carrera de fondo arrancó una noche estrellada de invierno a la vera de una plaza de toros y de la más bella y esbelta de las giraldas; en la milenaria Sevilla, cuando las aguas del Guadalquivir aún discurrían hacia el Atlántico bajo los bellos arcos de hierro forjado del Puente de Triana.*

—Seré breve para posibilitar el debate. Pondré tres ejemplos prácticos. Concluiré mi intervención con una recomendación y un vídeo de poco más de dos minutos de duración. Y ahora, si me lo permitís, mencionaré tres características que no reúno y tres que sí. No soy escritor, no pertenezco a ninguna de las áreas de conocimiento o gremios profesionales propios de los asistentes habituales a congresos de esta naturaleza y, aunque lo he sido durante algunos años en la década de los noventa, ya no soy profesor de la Universidad de Sevilla. Eso sí, soy politólogo, como se desprende de mi titulación de doctor; también político, aunque he procurado actuar siempre desde la cuneta de la innovación y, por supuesto, soy ecociudadano en ejercicio.

—¿Quiere decir ecologista, no? —alguien con quién había pactado la pregunta para romper el hielo.

—Quiero decir ecociudadano. ☞

—¿No es lo mismo?

—No. Y lo habrías descubierto si hubieses pulsado el símbolo situado tras el vocablo.

—¿Qué símbolo?

—Disculpa, tienes razón: estás escuchando y no leyendo, pero sabrás a qué me refiero exactamente en cuanto consiga convencerte para que leas la *ediacción* transmedia e hipertextual de esta ponencia.

Sacó de su cartera un fajo de pequeñas cartulinas amarillas y se levantó para repartirlas entre los asistentes al tiempo que les indicaba la finalidad del par de direcciones de Internet que contenían: una, para que pudiesen acceder al texto ediaccionado de lo que se disponía a contarles; otra, para que le diesen un toque original y solidario a sus inminentes felicitaciones navideñas. Y, de vuelta a la mesa, comentó que su ponencia no era un escrito académico al uso, sino el avance de un capítulo que, con sus aportaciones, pensaba incluir en *Despierta la libélula*, la tercera parte de *Noticia de un amanecer fugaz*, trilogía de la que les acababa de facilitar un folleto de presentación.

—Y ahora, para que nadie se llame a engaño, os advierto que no tengo abuela. Expresión que, por si alguien no lo pilla, se dice en inglés *to be full of one's self*. Y, por supuesto, dada mi desbordante imaginación y creatividad me he convertido en un visionario. Corolario: si por mis limitaciones podría ser acusado de intruso o impostor; por mis virtudes, de contador de cuentos. No lo descartéis, pero, ¡ojo!, que los cuentos, no siempre cuentos son. Hizo una breve pausa para beber un sorbo de agua y comenzó su exposición.

—De la *Edición a la ediacción*. ¿Qué parte del título no habéis entendido?

No tuvieron tiempo de reaccionar. Se les adelantó: la provocación era su fuerte.

—¿Acaso *ediacción*? Mal asunto, pues se trata de un vocablo con un futuro más que prometedor... ¿Que lo dudas? —se adueñó de la ingenuidad de una chica para darle a su esbozo de sonrisa el sentido que le convenía—. Es más, me atrevo a afirmar que la transición de la edición a la *ediacción* es inexorable.

—Ignoro qué pretende anunciarnos con ese neologismo —se aventuró a comentar alguien demasiado joven para la aseveración que se disponía a hacer—, pero ya le digo que el libro tradicional no desaparecerá nunca. A mí... —trató de proseguir sin éxito.

—Perdona que te interrumpa... ¿te llamas?

—Arturo.

—Arturo, seguramente te disponías a reivindicar el placer sin igual del rito-tópico de ir pasando páginas al efluvio peculiar de la tinta y del papel. Y aunque, por razón de tiempo, nos vas a ahorrar tu alegato te agradezco la declaración: me acabas de dar pie para afirmar que mi discurso poco o nada tiene que ver con el manido debate sobre si papel sí o papel no. Por supuesto que la *ediacción* es incompatible con el soporte al que aludes. Y es que un requisito *sine qua non* para su viabilidad es el empleo de un soporte lector y comunicador inteligente conectado a Internet que reproduzca y permita activar el conjunto de símbolos-hipervínculos específicos incorporados al texto ediaccionado.

—Algo ya disponible —apuntó desde el fondo del aula su sobrina Carmen Cañal, estudiante de Filología francesa en la facultad.

—Y cuyo uso llegará a generalizarse alcanzando grados de sofisticación insospechados —añadió otro de los asistentes.

—Así es. Constituye un requisito de índole material imprescindible, pero ¿a que no adivináis la verdadera causa de esa inexorable transición de la edición a la *ediacción* que pronostico? —Aguardó unos instantes sin que nadie respondiese y les dio una pista—. Tiene que ver con la literatura.

—¿Que facilitará el acceso de mucha más gente a la lectura? —apuntó la novelista que poco antes de comenzar había alabado el prospecto de presentación de *Noticia de un amanecer fugaz*.

—Que abaratará los costes de la edición...

—Que... que... que...

—Todo eso es cierto, pero la clave está en que la *ediacción* aportará una función nueva, insospechada y, con toda probabilidad, subversiva a la literatura. Función, y lo digo alto y claro, que condicionará el hecho mismo de escribir y de editar al abrir de par en par las puertas a la actoescritura y, por ende, a la actolectura. Es más, puede que se trate de una *"robusta revolución pedagógica de fértiles consecuencias psicosociales y políticas"*, como indicado el Dr. Salvador García Bardón, profesor emérito de la Universidad de Lovaina y especialista en Semántica y Lexicología, que tuvo la gentileza de comentar extensamente el borrador de este texto admitiendo que los axiomas que sustentan mi tesis le hacen pensar en los que él mismo defendió en más de una ocasión como explicativos de la revolución cervantina de la escritura. *lee+ anexo 1*

—Definiciones, por favor. —Arturo, impaciente.

—Actoescritura. Del latín *actus*, acción o ejercicio de la posibilidad de hacer; y *scriptūra*, acción efecto de escribir. Modalidad de escritura en la que el autor sitúa o emplaza determinados signos tras ciertos términos, frases o contextos con la finalidad de que el lector pueda ejercer la actolectura. Del latín *actus,* acción o ejercicio de la posibilidad de hacer; y del bajo latín *lectūra*, acción de leer. Modalidad de lectura durante la cual el lector dispone de la posibilidad de actuar. O, más precisamente, de aprovechar las oportunidades que le brinda el texto para intervenir en los asuntos públicos mediante la activación de los enlaces o hipervínculos previamente incorporados por el actoescritor a dos signos *ad hoc* que siguen a ciertos términos, frases o contextos. Tres, por ahora: la *infoalfa alfaflecha* y el *geopefe*.

—¿Info, alfa, geo… que? —varios asistentes.

—*Infoalfa* (**iα**) es un signo empleado en la actoescritura que incorpora un enlace o hipervínculo, susceptible de ser activado por el actolector, para obtener información que le ayude a actuar con conocimiento de causa. *Alfaflecha* es el signo (**α➤**) de propuesta de acción empleado en la actoescritura. Compuesto con la letra griega alfa y el extremo puntiagudo de una flecha horizontal, incorpora un hipervínculo susceptible de ser activado por el lector. *Geopeefe*, contracción de generador de oportunidad de participación fraccionada, expresado en la actoescritura con el signo (**gOPf**), que incorpora un enlace o hipervínculo susceptible de ser activado por el lector que desee publicar en Internet sus propias propuestas de acción originales.

—¿Los propuso usted?

—Sí, hace ya varios años.

—Primera noticia.

—Os aseguro que el título de la ponencia tiene sentido: *De la edición a la ediacción: en la senda de la actolectura.* Y digo esto para tranquilizar a quien compuso el programa inicial de este congreso, incluso al mismísimo corrector que utilizó que, en un claro ejemplo de lógico sinsentido, se limitó a escribir: *De la edición a la edición*. Y ahora al grano. Lo primero será dar una definición. O mejor, teniendo en cuenta que, salvo error u omisión, es la primera vez que el vocablo se menciona con este sentido en sede académica, creo que debo rememorar el momento en que su inventor tuvo tan feliz ocurrencia —Álvaro abrió el tocho impreso de *Noticia de un amanecer fugaz* por la página 380 y comenzó a leer:

> *Fue una mañana de agosto de 2012, en un punto no identificado de la tortuosa carretera del Oriente que une la ciudad ecuatoriana de Cuenca con Macas, la capital de la provincia de Morona-Santiago, cuando los vehículos de nuestra expedición se dirigían al Centro Amazónico para la Ecociudadanía...*

—Así, como si nada, un tipo joven, ocurrente donde los haya, listo como el hambre, licenciado en Derecho por la Universidad de Sevilla y rondeño por más señas, le da jaque mate a Gutemberg proponiendo un vocablo que lleva implícita la inexorable transición de los modos conocidos de edición hacia un ámbito insospechado: la actoescritura y la actolectura. Realidad que transformará a los *homos ociosus* escritores y lectores del futuro en actoescritores y actolectores.

ACTOESCRITURA

(Del lat. *actus*, acción o ejercicio de la posibilidad de hacer, y *scriptūra*, acción efecto de escribir), modalidad de escritura en la que el autor sitúa determinados signos —*infoalfa*, *alfaflecha* y *geopeefe*— tras ciertos términos, frases o contextos con la finalidad de que el lector pueda ejercer la actolectura.

ACTOLECTURA

(Del lat. *actus*, acción o ejercicio de la posibilidad de hacer, y del b. lat. *lectūra*, acción de leer), modalidad de lectura durante la cual el lector dispone de la posibilidad de actuar. O, más precisamente, de aprovechar las oportunidades que le brinda el texto para intervenir en los asuntos públicos mediante la activación de los enlaces o hipervínculos incorporados a tres signos *ad hoc* que siguen a ciertos términos, frases o contextos —*infoalfa*, *alfaflecha* y *geopeefe*—.

INFOALFA

Signo **iα** empleado en la actoescritura que incorpora un enlace o hipervínculo susceptible de ser activado por el actolector para obtener información que le ayude a actuar con conocimiento de causa

ALFAFLECHA

Signo de propuesta de acción empleado en la actoescritura, compuesto con la letra alfa y el extremo puntiagudo de una flecha horizontal (**α>**), que incorpora un enlace o hipervínculo, susceptible de ser activado por el lector para aprovechar las oportunidades de intervención en los asuntos públicos que le brinda el texto.

GEOPEEFE

Contracción de generador de oportunidad de participación fraccionada —expresado en la actoescritura con el signo **gOPf**— que incorpora un enlace o hipervínculo susceptible de ser activado por el lector que desee publicar en Internet sus propias propuestas de acción.

—¿Que le hace pensar que el hombre del futuro será un ser ocioso? —quiso saber Elvira.

—Todo. Keynes ya lo vaticinó en su *Essays in Persuasion* al advertir que en el futuro…

—¿Qué futuro?

—En el futuro, dejémoslo así para no pillarnos los dedos, la Humanidad —decía el influyente economista británico— deberá afrontar como problema global la utilización de su nueva independencia con respecto a las preocupaciones económicas y, en consecuencia, replantearse la existencia y su nuevo rol en el planeta Tierra. De hecho, recordando a Jeremy Rifkin en su *Economía del Hidrógeno,* pensemos en que los imparables avances de la infocomunicación y de la inforobótica, añadidos a la sustitución del actual modelo energético piramidal por otro de estructura más horizontal, que posibilite a gran escala la generación distribuida de energía procedente de fuentes renovables, situarían a la Humanidad ante la realidad sugerida por el economista británico. A menos, claro, que lo impida el cambio climático. Lo cierto es que ya en nuestra época la transformación del tiempo libre en ocio mediante el recurso a una innumerable gama de actividades de consumo generadoras de movilidad —sea real o virtual— cada vez más insospechada, propicia un nuevo y sugestivo espacio de socialización cuyas casi inimaginables potencialidades, buenas, indiferentes o perversas, no deberían despreciarse por muy lejanas o utópicas que puedan antojársenos. Estoy convencido que, guste o no guste, se crea o no se crea, un nuevo *homo ociosus* nos aguarda. De ahí que me cuestionase, hace bastantes años, la viabilidad de encauzar el tiempo libre del ser humano —del que ya muchos disponemos en proporción creciente— hacia un modelo de ocio auto-instructivo.

—¿Ocio autoinstructivo?

—Un modelo que primase el interés por los asuntos públicos y recondujese progresivamente nuestra larga evolución de *homo depredator*, *cultor*, *faber*, *creator*, *ociosus* en *homo republicanus* (de *res pública*, cosa pública). Un flamante y generalizado *homo republicanus*, utópico hoy, tangible tal vez mañana, capaz de hacer realidad el ideal político del ejercicio responsable y generalizado de una democracia ecociudadana directa en la que los nuevos ecociudadanos dotados de útiles políticos de nueva generación asuman por fin —como he explicado con detalle en *Puedo, puedes... ¿podemos?*, en *Pasota o implicado* y en *Asociacionismo blando y participación a la carta*— el papel usurpado por sus poco escrupulosos y nada eficientes representantes políticos.

—Lejos me lo fía.

—Pues ese parece el pronóstico. Puede que el artículo *¿Qué haremos con el tiempo libre que nos dejarán los robots?*, ⌖ publicado hace unos días en el diario *El País,* te ayude a situarte en el contexto adecuado.

—¿Ocio y democracia?

—Dada la creciente omnipresencia del ser humano ante la inmensa panorámica que propicia Internet, la clave —me dije— podría estar en comenzar a incorporar de manera natural y sugerente el componente cívico y de interés por la cosa pública en los hábitos de ocio placentero de los seres humanos, en especial en el ámbito de la movilidad asociada a los desplazamientos geográficos y al turismo. Y también en otros. Pero dejemos eso: bastará, por ahora, con retener el término ocio que es esencial para comprender la tan inusitada como prometedora alianza de la literatura y la política.

—Eso ya viene de lejos.

—Me consta, Carmen, pero no con la intensidad, ni con las connotaciones que anuncia mi propuesta. Y este el momento de retener tres ideas claves. Primera: que la incorporación de recursos para la acción que caracteriza a la *ediacción* sólo será viable merced a la asociación de la escritura con adelantos por venir en el ámbito de la ingeniería política y social hoy inimaginables. Segunda: que, en su momento, dicha simbiosis entre literatura y política revolucionará el autoaprendizaje de lo público y generará tal empoderamiento ecociudadano que tornará obsoleta la democracia conocida. α> Tercera: que el rechazo a ese devenir no sólo será feroz por parte de la pléyade creciente de escritores convencionales y de la maraña editorial que los sustenta, sino, sobre todo, de los sectores del poder recelosos de la generalización e intensificación exponencial de los procesos de autoformación y acción ecociudadanos.

—¿Y eso es lo que cuenta en su novela?

—Sí, entre otras cosas. Da noticia detallada de algunos adelantos por venir en el ámbito de la ingeniería político y social, en concreto de la técnica asociativo-decisional de la participación fraccionada que conoce bien mi buen amigo y director de mi tesis doctoral, el profesor Ramón Soriano, catedrático de Filosofía de Derecho de la Universidad Pablo Olavide, que ha tenido la amabilidad de acompañarnos.

PARTICIPACIÓN FRACCIONADA

Innovadora técnica asociativo-decisional que merced a la acción combinada de determinados principios (desagregación-agregación, cooperación, complementariedad, publicidad, conectividad, afectación directa, ecociudadanía, aquiescencia pactada, cohabitación cooperativa, rol variable, liderazgo

INSTANCIA DE PARTICIPACIÓN FRACCIONADA, IPF

**Prototipo genérico de instrumento político de
nueva generación, autónomo, plural, autoinstructivo,
virtual e interactivo, para el asociacionismo blando y
la participación a la carta, capaz de desencadenar un
quíntuple y permanente efecto de autofinanciación,
autoregulación, autoexpansión, autorenovación y
autogeneración, dotado de una *app PF* y susceptible de uso
individual y colectivo, por un indeterminado
número de ecociudadanos/as PF.**

—¿Por qué *Noticia de un amanecer fugaz*?

—En realidad no venía a hablar de mi libro, pero ya que nuestra compañera ha sacado el tema… ¿Os imagináis un amanecer fugaz? No resulta fácil, pero creo que ayudará la siguiente imagen. Andaba yo, años atrás, buscando con denuedo un título para la obra que comenzaba a escribir cuando el azar quiso que viniese en mí ayuda el conocido astronauta e ingeniero aeronáutico español Pedro Duque. *Es tal la cantidad de energía necesaria para activar una lanzadera* —le comentó al periodista que le entrevistaba en la radio— *que es como si en plena noche amaneciese en Cabo Cañaveral.* Y es que la creatividad humana, al igual que la formidable llamarada que genera la ignición nocturna del combustible que impulsa al transbordador espacial, puede llegar a anticipar el panorama de un amanecer fugaz. Y esto, exactamente esto, es lo que pretende la e.novela de texto que os acabo de proporcionar. Sí, de anticipar el lúcido e insospechado espectáculo de una alborada antes, mucho antes, de que despunte el alba. Un alba con la que, por si alguien se había hecho ilusiones, no despertaremos ninguno de los presentes, pero que un día llegará.

—¿Y qué tiene que ver lo que nos has contado con esa organización denominada *wikiaccion*

—De entrada no es una organización, simplemente un complejo recurso, inseparable de la *ediacción*, al que me referiré al formular mi recomendación final.

—¿Podrías poner un ejemplo práctico?

—Por supuesto, Carmen. He preparado dos: el primero es una versión resumida de la primera experiencia, narrada en el capítulo *Lee y actúa* de *Quiebra el albor,* segunda parte de mi trilogía *Noticia de un amanecer fugaz,* que vivimos en una escuela ecuatoriana, cercana a nuestro Centro Amazónico de la Ecociudadanía (CAE), durante el verano de 2012. El segundo es una dedicatoria incluida en un artículo reciente.

DOS EJEMPLOS PRÁCTICOS

En una escuela de la Amazonía[3]

Sucua, Morona-Santiago, Ecuador. 20.09.12, 10 h.

Algo más de una treintena de escolares, seleccionados de entre diversos centros educativos, esperan en el patio. Suena una campana y todos entran en un aula grande en la que descubren asombrados dos hechos inusuales: que sus propios profesores ocupan parte de aquellos pupitres pintarrajeados y que un perro negro, con cara de buen perro, les mira impasible desde la tarima. Pronto, Mercedes, la joven maestra que dirige el encuentro, toma la palabra.

—María acaba de llegar de España y os va a explicar en qué consiste el concurso en el que vais a participar.

—Este es *Boliche* —dijo convencida de que su perro guía era el centro de interés de aquellos escolares—. Ha sido adiestrado para convertirse en los ojos de una persona totalmente invidente como yo. Si ahora —María sacó un arnés amarillo de su pequeña mochila— digo *"pon"* —el perro se levantó y acercó la cabeza a sus manos— me deja que se lo coloque. Si le ordeno *"avanza"* comienza a guiarme —*Boliche* caminó lentamente hacia el extremo derecho de la tarima deteniéndose al llegar a los escalones.

—¡Cuidado! —gritó una de las chicas haciendo un amago de levantarse para ir en su ayuda y evitar que tropezase.

—Gracias, amiga. ¿Has visto como se ha parado para advertirme del peligro? Fijaos, si le digo *"marca"* —el perro comenzó a bajar—, me va señalando la posición de los peldaños. Y

---

[3] Tomado del capítulo *Lee y actúa* de la e.novela de texto *Noticia de un amanecer fugaz.*

ahora, igual que a vosotros, a él le encantaría que continuásemos hacia el jardín, pero antes tenemos que hacer algo aquí dentro. Así que *"atrás"* —obediente, giró 180 grados a la derecha y rehízo lo andado. Ella se sentó, le retiró el arnés, pero en vez de decir *"sienta"* le ordenó un inesperado *"vete con Dani"* que *Boliche* obedeció saltando desde de la tarima y dejándose acariciar por su amigo y cuidador oficial durante las últimas semanas.

—¿Y si estuvieses esperando al autobús te avisaría cuando llegase? —el chico que compartía pupitre con Dani.

—Aunque es muy inteligente no puede leer. Su trabajo es guiarme en el trayecto hacia la parada. Una vez allí, cuando yo confirme con el conductor u otro viajero que pertenece a la línea que espero, se lo indico y me lleva a la puerta, marca el estribo y me ayuda a subir.

—Y si... —se dispuso a preguntar una chica.

—Un momento —interrumpió María—, escuchad con atención y después os contaré todo lo que queráis saber sobre los perros guía. ¿Os parece? —Asintieron y Dani hizo una indicación a Yadira para que comenzase a leer un breve texto extraído de una conocida obra de la literatura universal.

—¿Le suena a alguien lo que Yadira acaba de leer?

Varios izaron la mano, pero una chica anticipó su respuesta. Rondaría, como todos ellos, los quince años.

—Es el inicio de *La Eneida* de Virgilio.

—Muy bien. ¿Y qué sabes del texto?

—Que las naves de los troyanos, que navegaban rumbo a Italia, fueron dispersadas por la tempestad provocada por Eolo cuando Juno le ordenó que desatase a los vientos...

—Es suficiente, gracias. Si estuviésemos en clase de latín o de literatura podríamos debatir sobre la originalidad de Virgilio, la personalidad de Eneas o el influjo de la obra o, incluso, preguntarnos para qué fue Virgilio a Grecia, ¿a quién dedica su obra y por qué?, ¿qué razones tenía Juno para odiar a los troyanos?, ¿qué esperanzas da Eneas a los derrotados?, pero no es el caso. —Él mismo bajó una de las persianas para evitar que la luz del sol velase la visión de la dispositiva que mostraba la primera parte del texto leído por la colombiana.

> *"Yo, aquel que en otro tiempo modulé cantares al son de leve avena, y dejando luego las selvas iⵔ obligué a los vecinos campos a que obedeciesen al labrador, aunque avariento, obra grata a los agricultores, ahora canto las terribles armas de Marte y el varón que, huyendo de las riberas de Troya por el rigor de los hados, pisó el primero la Italia y las costas Lavinias".*

—¿Y ese símbolo? —preguntó uno de los escolares.

—Fijaos bien —intervino María— pues tiene mucho que ver con el concurso en el que vais a participar. Lo llamamos *infoalfa* y os vamos a explicar su significado.

Mientras Tarald grababa todo lo que sucedía en el aula Dani se acercó al chico con el que había compartido el pupitre y le entregó un artilugio con apariencia de bolígrafo. *Boliche* hacía un rato que observaba desde su puesto de trabajo.

—¿Te llamas Esakua, verdad?

—Entsakua —precisó éste—. *Entsa* significa río y *kua* quiere decir que hierve: agua que hierve. Es un nombre *shuar*.

—¿Sabes qué es?

—Un puntero láser —respondió con altiva seguridad, como queriendo dejar sentado que había transcurrido mucho tiempo desde que sus antepasados, los jíbaros que sufrieron los conquistadores españoles, practicaban la reducción de cabezas.

—Apunta a la *infoalfa* y aprieta este botón.

Lo hizo y, tras varios intentos, una página electrónica comenzó a cargarse lentamente en la pantalla. En grande, sobre un fondo de árboles gigantescos, un título: AMAZONAS.

—Se trata, como veis, de un portal *web* de la organización *Greenpeace* cuyo objeto es proporcionar información sobre el deterioro de ese espacio considerado el *"pulmón del mundo"*.

La Amazonia, la mayor región tropical del planeta, pierde cada año enormes extensiones de selva, emitiendo grandes cantidades de gases de efecto invernadero en un contexto de violencia y violaciones de los derechos humanos. Si queremos evitar un empeoramiento del cambio climático, la pérdida de su rica biodiversidad α> y garantizar la supervivencia de los pueblos indígenas, es fundamental detener la deforestación y degradación de la Amazonía.

—¿Y ese otro símbolo intercalado en el texto?
—¿Cómo te llamas?
—Sarita.
—Es la *alfaflecha*.
—¿Y para qué sirve?
—Entsakua, déjale el puntero a tu compañera.

El chico se adelantó, dirigió el rayo a la *alfaflecha* α> y todos pudieron leer en la pantalla *Salvemos el corazón del Amazonas* y el texto incluido a continuación:

El río Tapajós, símbolo de la Amazonia y hogar de animales únicos y de una biodiversidad incomparable, está amenazado por la construcción de una gran presa hidroeléctrica. ¡Firma para impedir su destrucción!

—¿Y qué tenemos que hacer para firmar? —quisieron saber algunos.
—Informaros y, si estáis de acuerdo, seguir las instrucciones de los promotores de la ciberacción. En este caso es fácil, ya que sólo hay que rellenar los casilleros que se indican y darle a enviar. Algo —añadió María— que sería muy fácil si todos estuvieseis ante un computador conectado a Internet.

—¡Lo acabo de hacer! —exclamó una chica mostrando orgullosa su comunicador de última generación.

—¡Estupendo! Y ahora —dijo María mientras Dani maniobraba para que la pantalla mostrase un nuevo texto— pasemos al siguiente ejercicio que requiere un mayor esfuerzo de vuestra parte.

—¿Lo leo?

—No hace falta Yadira, que ya aparece en la pantalla.

Un modo de colaborar solidariamente en la lucha por un mundo mejor es proponer iniciativas y compartirlas. **gOPf** *Pueden ser para impulsar acciones políticas, influir en la elaboración de las leyes, defender el medio ambiente, los derechos humanos, etc.*

—El nuevo símbolo se denomina geopeefe, ⌂ y es la contracción de *generador de oportunidades de participación fraccionada.* Veamos su funcionamiento. ¿Quién quiere probar?

—Yo, Sr. Viola. —Esta vez una chica se lo arrebató a Entsakua y, tras varios intentos, consiguió que apareciese una nueva página destinada a explicar la elaboración de propuestas o peticiones y a brindar ayuda para redactarlas y conseguir firmas.

—Y este saludo solidario por un mundo mejor ⌧ que ha preparado Naylea —indicó María— es una buena manera de comenzar a practicar.

Todas y cada una de las *alfaflechas* fueron activadas pasándose el puntero de unos a otros, al tiempo que planteaban un sinfín de preguntas, incluidas las de Yadira y Ágata, entusiasmadas con aquel sugestivo invento. Ni siquiera el recordatorio del concurso, del que sus maestros les darían más detalles en los próximos días, permitió a Dani acallar el creciente bullicio. La experiencia llegaba a su fin, pero la estrella indiscutible, ¡qué duda cabe!, seguía siendo *Boliche* que, meneando expresivamente las orejas, guiaba a María hacia el jardín.

wikiaccion.es

POR UN MUNDO MEJOR
¡HOLA!

¡ACTÚA!

derechos humanos α>
palestina α>
ártico α>
antártida α>
cambio climático α>
democracia α>
tortura α>
alimentos α>
abejas α>
calidad del aire α>
ballenas α>
ayuda humanitaria α>
refugiados α>
doñana α>
bosques α>
consumo α>
voluntariado α>
Propón acciones

Abre el *código QR* y activa las *alfaflechas*

Una dedicatoria comprometida

Se trata de la dedicatoria incluida en la ponencia que presenté en el III Seminario Internacional sobre Guinea Ecuatorial ⚖ organizado en Madrid, en julio de 2016, por el por el Centro de Estudios Afro-Hispánicos de la Universidad Nacional de Educación a Distancia y, posteriormente, en mi publicación *La cooperación española al subdesarrollo de Guinea Ecuatorial. Oportunidades perdidas y propuestas frustradas en la década de los ochenta. Relato documentado de un cooperante.* 📁

A mi buen amigo Donato Ndongo Bidyogo, ⋈ intelectual ecuatoguineano internacionalmente reconocido, honesto e indoblegable, alarmado ante el estrechamiento del cerco con el que la larga mano del dinero del dictador Obiang le viene presionando en España. α>

Si pulsáis en la alfaflecha incluida en la dedicatoria podréis comprobar que, a diferencia de lo que habría sucedido de tratarse de un texto convencional, se brinda al lector potencial la doble posibilidad de completar su información y de manifestar su compromiso si lo estimase oportuno. De hecho, si el lector asume el rol de actolector que le brinda este texto ediaccionado puede ejercer el derecho de petición ante el Congreso de los Diputados para exigir que las Administraciones públicas velen por el riguroso cumplimiento de la normativa en materia de incompatibilidades de altos cargos. Ya sabéis, aquello de las puertas giratorias.

—Para eso habría que endurecer la ley.

—Algo que los actolectores podrían promover con creciente facilidad y tino: ora, aportando una *ciberacción* en dicho sentido de la que tuviesen noticia; ora, publicando una iniciativa o propuesta de *ciberacción* de su propia cosecha.

—¿Cómo?

—De manera colaborativa, como algunos ya lo hacen en *Wikipedia*.

—¿Dónde?

—Ese es el *quid* de la cuestión. Lo ideal sería poder hacerlo en una agenda o base de datos global de contenido libre y de confección colectiva. Una potente y fácilmente accesible *wiki ad hoc.* Y es que los actoescritores, además de diccionarios y enciclopedias —

Wikipedia, entre ellas— necesitamos apoyarnos en este tipo de recopilaciones de propuestas de autoformación y acción ecociudadanas.

—¿Te refieres a lo que llamas *wikiacción*?

—Sí, pero *wikiacción* es, hoy por hoy, un muy modesto y precario exponente testimonial de *wiki* que subí hace años a *Internet*. Y ello al solo efecto de servir de apoyo al modelo de *ediacción* que propongo.

—Ya... ¿Y tú propuesta?

—Mi recomendación está asociada a la iniciativa *ALE LEA o "actúa leyendo, lee actuando"* y consiste en la promoción de aulas libres de actoescritura y de actolectura que enseñen y fomenten la *ediacción*. Iniciativa que urge promover por su potencial generación de nuevos y sostenibles empleos en el ámbito de la educación y de la cultura. Y será viable a condición de disponer de recopilaciones crecientes de propuestas de autoformación y acción ecociudadanas.

—¿Quieres decir...?

—Perdona, Carmen. Quiero decir simplemente que sólo la disposición de aplicaciones *wiki* de esas características, dotadas de un *software* adecuado, posibilitarán: al sector editorial, dar el salto cualitativo a la *edi-acción*; a los escritores, transformarse paulatinamente en actoescritores mediante la publicación ediaccionada de sus nuevas y viejas obras; y a los actolectores, empoderarse como ecociudadanos, mientras se suman al formidable esfuerzo colaborativo de expandirla en la red siguiendo, probablemente, los exitosos pasos dados por la conocida *Wikipedia*. Y eso es todo. Muchas gracias.

—Falta el vídeo.

—Cierto. He preparado dos para que, a la espera de *Despierta la libélula*, 🗁 que completará la trilogía, os animéis a leer *Noticia de un amanecer fugaz.* Podéis elegir. Sólo se diferencian por la banda sonora: el primero, 🎬 con la melodía *Last Kiss Goodnight,* cedida por Kevin McLeod; el segundo...

—¡Ese! 🎬 —exclamó la joven profesora limeña que estaba a cargo del reproductor, mientras hacía sonar en el salón de grados la *Flor de la canela.*

Video de *Noticia de un amanecer fugaz*

Anexo 1

Comentario del
Prof. SALVADOR GARCÍA BARDÓN[4]
Profesor emérito de la Universidad de Lovaina.
Especialista en Semántica y Lexicología.
21.12.16

Querido colega Luis: Aquí tienes una primera reacción a tu conferencia, que completaré ulteriormente. Con tu tesis *"De la edición a la ediacción"* promueves una robusta *"Revolución pedagógica"*, cuyas fértiles consecuencias psicosociales y políticas tú percibes meridianamente y yo apoyo al 100 %.

Los axiomas que sustentan esta tesis me hacen pensar en los que yo he defendido en más de una ocasión como explicativos de la revolución cervantina de la escritura:

Binomio "Lector como el Autor"
Tanto monta, monta tanto el Lector como el Autor, porque si el Lector no es a su vez Autor y el Autor no es a su vez Lector, la Escritura no es diálogo sino monólogo.

Binomio "Editor-Coautor como el Autor"
Tanto monta, monta tanto el Editor-Coautor como el Autor, porque si el Editor-Coautor no es a su vez Autor y el Autor no es a su vez Editor-Coautor, la Escritura no es diálogo sino monólogo.

---

[4] https://www.facebook.com/sagabardon?fref=ts

Mi divisa como escritor se inscribe en una tradición de honda raigambre cervantina: "Tanto monta monta tanto el lector como el autor".

He aquí lo que yo publicaba sobre este tema en 2005, sacado de mi "Diccionario enciclopédico del Quijote", con ocasión del cuarto centenario:

lector: (doc. s. XIII, del lat. lector, -oris, -orem) adj. y s. 'que lee': «Lector, el que lee alguna cosa; también se toma por el maestro, como lector en Teología; también por una de las cuatro órdenes menores.», Cov. 757.a.1.

|| [lector]: «Procurad también que, leyendo vuestra historia, el [lector] melancólico se mueva a risa, el [lector] risueño la acreciente, el [lector] simple no se enfade, el [lector] discreto se admire de la invención, el [lector] grave no la desprecie, ni el [lector] prudente deje de alabarla.», Q. I.Pról.14.

No es necesario enmendar el texto de la ed. pr. explicitando el sustantivo elidido [lector] que, como en otros pasajes, está implícito en el verbo «leer», aquí seis veces en el aspecto durativo del gerundio «leyendo» (elipsis de lo sobreentendido léxicamente).

|| lector carísimo: 'queridísimo lector' En los prólogos del Q., esta interpelación fática, particularmente cariñosa, alterna con otras donde el humor se conjuga con la proximidad del cariño: 1) desocupado lector / lector suave 2) lector ilustre o quier plebeyo / lector amigo / lector amable.

En el prólogo de las Novelas ejemplares encontramos: *lector amantísimo / lector amable.*

En el prólogo del Persiles, escrito cuando Cervantes, gravemente enfermo, esperaba serenamente la muerte, leemos: *lector amantísimo.*

Como lectores sentimos que Cervantes, creador libre por antonomasia, busca de tal modo el ejercicio de nuestra propia libertad en relación con su obra máxima, que nos considera coautores con él del Quijote auténtico. Este sentimiento, incomprensible para quien no busca la autenticidad sino el conformismo como Avellaneda, explica el tenor de sus palabras en el prólogo de la primera parte:

> *«No quiero irme con la corriente del uso, ni suplicarte casi con las lágrimas en los ojos, como otros hacen, lector carísimo, que perdones o disimules las faltas que en este mi hijo vieres, y ni eres su pariente ni su amigo, y tienes tu alma en tu cuerpo y tu libre albedrío como el más pintado… § Todo lo cual te esenta y hace libre de todo respecto y obligación, y así, puedes decir de la historia todo aquello que te pareciere, sin temor que te calunien por el mal ni te premien por el bien que dijeres della.», Q. I.Pról.1.*

Esta manera de abrir su obra a la acción reactiva de los lectores, por considerar que tanto monta monta tanto el lector como el autor, al ser ambos vecinos del mismo mundo, es la mejor lección que Cervantes había retenido del Lazarillo de Tormes.

En efecto, como lo hace notar Lázaro Carreter: «*El Lazarillo ha revelado que cuanto pasa o puede pasar al lado es capaz de subyugar con más fuerza al lector que las cuitas de azarosos peregrinos, pastores refinados o caballeros andantes por la utopía y la ucronía. Ha sido obra de aquel genial desconocido que ha afrontado el riesgo de introducir la vecindad del lector en el relato e instalar en ella su propia visión de un mundo ya no remoto e improbable, sino abiertamente comprobable. Autor, personajes y público habitan un mismo tiempo y una misma tierra, comparten un mismo censo y han de ser otras sus mutuas relaciones... Tal propuesta de dos lecturas es el signo de la nueva edad, porque el escritor ya no repite siempre enseñanzas inmutables, sino que aventura con riesgo su propio pensamiento...*

Esta nueva actitud del narrador impone un nuevo tipo de lector. Podrá buscar mera recreación en la lectura, pero, inevitablemente, al toparse con cosas que ocurren en sus cercanías, se convierte en coloquiante activo con el relato y con el autor, dotado de facultades para disentir: «Libertad tienes, desenfrenado eres, materia se te ofrece; corre, destroza, rompe, despedaza como mejor te parezca», dice Mateo Alemán al vulgo que le lea.

Cervantes le brinda al lector el libro que llama hijo suyo, aceptando que, pues tiene libre albedrío, puede decir de la historia todo lo bien o lo mal que le parezca. Y una cosa fundamental que tiene que someter a su aprobación es el idioma, el cual ha de ser tan reconocible como el mundo que se le muestra…

Al introducir la verdad de la calle y de los caminos, penetra en el relato la verdad del idioma. Tímidamente aún en el Lazarillo; con decisión en el Guzmán; plena y extensamente con el Quijote. Cuando se asegura que este funda la novela moderna, esto es esencialmente lo que quiere afirmarse: que Cervantes ha enseñado a acomodar el lenguaje a la realidad del mundo cotidiano. Y algo muy importante: que ensancha el camino abierto por el autor anónimo y por las primeras novelas picarescas; ha respetado, se diría que exhibitoriamente, la libertad de sus criaturas de ficción.», F.L. Carreter, en Rico 1998 a, p. XXII.

Fuente de las citas cervantinas: Salvador García Bardón: El Quijote para citarlo. Fuente: Salvador García Bardón, Taller cervantino del "Quijote", Textos originales de 1605 y 1615 con Diccionario enciclopédico, Academia de lexicología española, Trabajos de ingeniería lingüística, Bruselas, Lovaina la Nueva y Madrid, apareció en 2005, con ocasión del 4° centenario de "El Quijote".

Anexo 2

LA PARTICIPACIÓN FRACCIONADA
Ideas básicas

La participación fraccionada[5]

—La participación fraccionada o modelo de participación fraccionada (MPF) es una técnica asociativo-decisional inédita de nueva generación para la autoformación y la acción políticas en el horizonte de una ciudadanía mundial, que aspira a darle un vuelco insólito a toda democracia conocida y a abrir vías insospechadas a su ejercicio directo en el futuro.

—Es el resultado de la concatenación interactiva de un conjunto de principios que operan en el seno del proceso D+A. (Proceso que es su eje o columna vertebral).

—Este proceso (*sui géneris*) opera en tres tiempos: fraccionamiento, conversión y agrupación.

—Cuando un potencial actor de la participación fraccionada, se encuentre ante una oportunidad PF, podrá actuar a sabiendas de que su aprovechamiento —impulso PF— nutrirá un proceso agregativo o cooperativo de largo alcance. (Aunque constituya *per se* un acto político individual).

—Pese a ser cierto que la PF posibilita, potenciándolo adrede, el ejercicio individual de la acción política, no cabe concluir que fomente el individualismo.

—Los impulsos PF y las acciones PF nunca serán es-

---

[5] También participación sucesiva, desagregativo-agregativa, por impulsos complementarios, PF o MPF.

fuerzos aislados, dado el carácter sucesivo, interrelacionado, cooperativo y, en suma, democrático y plural del proceso D+A. (Y ello con independencia de que tales impulsos y acciones sean individuales o colectivos, singulares o plurales, respondan a intereses particulares o generales, espontáneos o deliberados).

La instancia de participación fraccionada (IPF)

—Es el prototipo genérico de instrumento político de nueva generación, autónomo, plural, autoinstructivo, virtual e interactivo, para el asociacionismo blando y la participación a la carta; capaz de desencadenar un quíntuple y permanente efecto de autofinanciación, autorregulación, autoexpansión, autorenovación y autogeneración; y susceptible de uso individual y colectivo, por un número indeterminado de usuarios.

—Satisface el siguiente decálogo de funciones:

1. Induce procesos autoinstructivos eficientes. Es decir, coadyuvan a generar con rapidez notable hábitos cívicos de intervención en los asuntos públicos posibilitando, a gran escala, la adquisición por parte de la ciudadanía de competencias para la reflexión y la acción política.
(Posibilita un incremento exponencial generalizado de la cultura política).

2. Desborda el ámbito estatal de actuación.

3. Autogenera condiciones de autonomía y pluralismo, que son los antídotos de la dependencia política.

4. Precisa escasa o nula institucionalización.
(Requerir un grado mínimo o nulo de institucionalización o reconocimiento formal es consustancial,

tanto con su origen espontáneo, intencionalidad coyuntural o circunstancial, funcionalidad temporal li-
mitada o efímera; como con su carácter virtual e interactivo, apto para desencadenar procesos permanentes de autofinanciación, autoregulación, autoexpansión, autorenovación y autogeneración.

5. Flexibiliza el proceso asociativo cualquiera que sea
su grado, al posibilitar que, incluso, la mera voluntad
de afrontar un determinado asunto de interés público constituya *per se* un hecho asociativo.
(La rigidez o institucionalización propia del asociacionismo convencional cede en beneficio de un asociacionismo en su mínima expresión).

6. Dinamiza el quehacer participativo substituyendo
los procesos formales de adopción y ejecución de
decisiones (el acuerdo democrático mayoritario) por
procesos *ad hoc* que permiten expresar más directa y
fidedignamente la voluntad popular.
(Lo que da paso a una amplia gama de opciones par-
ticipativas desconocidas: la participación a la carta).

7. Prescinde de todo tipo de militancia o membrecía.
 (En la IPF no se milita o se es socio, sólo usuario).

8. Socializa el liderazgo político, permitiendo que sus
usuarios asuman libremente cualquier rol o papel, incluido el liderazgo de las propias propuestas, en el
ejercicio de la participación política. (Merced a una
progresiva socialización del protagonismo político
que torna innecesario o superfluo y, en todo caso,
prescindible, el periclitado rol minoritario de líder o
dirigente, basado en la asunción exclusiva, permanente o rotativa, de la iniciativa, la dirección y la representación).

9. Admite la cohabitación de enfoques y actuaciones, posibilitando una nueva dimensión del proceso asociativo-decisional (el asociacionismo blando) que permite dar cabida en un mismo marco instrumental a enfoques, planteamientos y actuaciones divergentes e, incluso, antagónicos.

10. Transforma la inacción en activismo político, haciendo que aquella, (merced a una previa aquiescencia pactada) se transforme en acción que opera en beneficio colectivo (aportando nueva energía y capacidad de influencia al nuevo activismo político que inspiran).

EL DECÁLOGO/RETO
de las herramientas políticas del futuro

Inducir procesos autoinstructivos eficientes

Desbordar el ámbito estatal

Autogenerar autonomía y pluralismo

Precisar escasa o nula institucionalización

Flexibilizar los procesos asociativos

Dinamizar el quehacer participativo

Prescindir de todo tipo de militancia

Socializar el liderazgo político

Admitir la cohabitación de enfoques y actuaciones

Transformar la inacción en activismo político consentido

Anexo 3

VOCABULARIO DE LA PARTICIPACIÓN FRACCIONADA

AAE, autoformación y acción ecociudadanas

Proceso de enseñanza-aprendizaje cívico y de participación creciente de la ciudadanía en el quehacer republicano global. Proceso interactivo permanente de enseñanza/ aprendizaje cívico y de participación creciente en la defensa de la *res publica* mundial, mediante el que los ciudadanos y las ciudadanas, insertos en un sistema global interdependiente y de frágil y precario equilibrio, cobran conciencia de su pertenencia a la sociedad sostenible y de responsabilidad colectiva; adquieren los conocimientos, los valores, las competencias y la experiencia para ejercer la ecociudadanía con todos los medios disponibles y se afanan en perseverar en su práctica.

Acción ecociudadana, acción política ecociudadana

Acción política derivada de la autoatribución de legitimación plena para intervenir en el gobierno de la *res publica* planetaria, ya sea en la acepción más amplia de lo político, como en la restringida a aspectos concretos, como la paz, el medio ambiente, los derechos humanos, la cooperación al desarrollo, etc.

Acción PF, acción de participación fraccionada, acción PF de cooperación

Agregación o agrupación de impulsos PF complementarios propios del proceso D+A del MPF.

Acción PF de liderazgo

Acción PF, individual o colectiva, resultante de los impulsos PF de liderazgo.

Actitud ecociudadana

Actitud cívica alternativa, responsable y solidaria, comprometida prioritariamente con la definición, formulación y defensa de los intereses comunes de los seres humanos, que constituye un acto de legítima profundización democrática y de emancipación ciudadana, coherente con el hecho histórico de la globalización.

Activación, activación de un observatorio PF

Adopción pública de la decisión, individual o colectiva, de afrontar un determinado asunto de interés general mediante la participación fraccionada. Con la activación se inicia —activación inicial— el funcionamiento de un observatorio o se ponen en marcha en su seno sub-observatorios y observatorios específicos —activación sucesiva— que pueden constituir nuevos marcos de iniciativa y control.

Activación direccional, activación direccional de un observatorio PF

Efecto sobre un observatorio de la acción PF de liderazgo que modifica su orientación. Constituye un reajuste asociativo-decisional del observatorio inducido por el principio de cohabitación cooperativa, que puede abrir vías de actuación divergentes o, incluso, antagónicas. Es exponente del asociacionismo blando y de la participación a la carta que propicia el MPF.

Actoescritura

(Del lat. *actus*, acción o ejercicio de la posibilidad de hacer, y *scriptūra*, acción efecto de escribir), modalidad de escritura en la que el autor sitúa determinados signos —*infoalfa, alfaflecha* y *geopeefe*— tras ciertos términos, frases o contextos con el fin de que el lector pueda ejercer la actolectura.

Actolectura

(Del lat. *actus*, acción o ejercicio de la posibilidad de hacer, y del b. lat. *lectūra*, acción de leer), modalidad de lectura durante la cual el lector dispone de la posibilidad de actuar. O, más precisamente, de aprovechar las oportunidades que le brinda el texto para intervenir en los asuntos públicos mediante la activación de los enlaces o hipervínculos incorporados a signos *ad hoc* que siguen a ciertos términos, frases o contextos.

Afectación directa, principio de (o principio de incumbencia)

Principio motivador del MPF que opera cuando la motivación del quehacer participativo, con respecto a un determinado asunto o situación, deriva esencialmente de la previa consciencia de cierto grado de afectación directa o de incumbencia personal.

Agregación —agrupación— de impulsos PF

Proceso espontáneo y consecuente de acumulación de impulsos PF en respuesta a las oportunidades PF proporcionadas por la previa desagregación del quehacer participativo.

Alfaflecha

Signo de propuesta de acción empleado en la actoescritura, compuesto con la letra alfa y el extremo puntiagudo de una flecha horizontal (α⊳), que incorpora un enlace o hipervínculo, susceptible de ser activado por el lector para aprovechar las oportunidades de intervención en los asuntos públicos que le brinda el texto. Signo propuesto por el Proyecto INTER/SUR.

Ámbito virtual de ecociudadanía (AVE)

Ámbito genérico de actuación de una asociación para la participación política que, una vez delimitado por acuerdo de sus miembros, queda fuera del control de sus órganos regulares de gobierno, gestión económica y representación. Ámbito específico del objeto social estatutario de la misma acotado que se abre al ejercicio de la técnica asociativo-decisional de la participación fraccionada.

Aquiescencia pactada, principio de

Principio modulador del MPF alusivo a la inacción o silencio deliberado definido previamente, en ejercicio consciente de la autonomía de voluntad, como opción política válida. Actuación, que por su carácter voluntario e intencionado, al tiempo que previsto como alternativa dotada de un significado expreso, no está sujeta a interpretación política. Posibilita la incorporación del MPF a un instrumento asociativo-decisional convencional.

Asociación para la participación política

Cualquier agrupación ciudadana con personalidad jurídica, carente de ánimo de lucro, constituida en el ejercicio de los derechos fundamentales de asociación y de participación, con la finalidad de intervenir, tras el acuerdo mayoritario de sus miembros, en cualquier ámbito material y espacial de la actividad política, sin aspirar al desempeño de funciones gubernamentales.

Asociacionismo blando

Nueva dimensión del hecho asociativo, inherente al MPF, que trasciende la tensión del asociacionismo convencional a la institucionalización, cualquiera que sea su grado, al posibilitar que la mera voluntad de afrontar un determinado asunto de interés público mediante la participación fraccionada constituya un hecho asociativo. [6]

Autoatribución de legitimidad. (*Vid* principio de ecociudadanía)

Ciudadano/a de acción política, ciudadano/a de participación fraccionada, ciudadano/a PF,

Ciudadano/a que, en el contexto de socialización del protagonismo político que posibilita el MPF, opta por aprovechar las oportunidades PF que le brinda la IPF para generar impulsos PF y acciones PF, consciente de superar así, la fatal convicción de la neutralidad de los actos que subyace a la generalizada sensación de que las acciones individuales carecen de repercusión general y no sirven para tratar de cambiar las cosas.

Civeocio

(*Cive*, del latín *civicus*, de *civis* relativo al ciudadano y ocio del latín *otium*). Modalidad genérica de ocupación del tiempo libre orientada adrede a implementar, en mayor o menor grado, tanto la instrucción, como el ejercicio del civismo.

Civeturismo

Variante del civeocio en el ámbito de la actividad turística.

Cohabitación cooperativa, principio de

Principio modulador del MPF asociado a las nociones de tolerancia, pluralismo y eficacia. Alude a la capacidad del MPF para propiciar esa nueva dimensión asociativo-decisional del asociacionismo blando y la participación a la carta, que da cabida en un mismo marco instrumental a enfoques, planteamientos y actuaciones divergentes e, incluso, antagónicos.

---

[6] *Vid* Rasilla, L.; Asociacionismo blando y participación a la carta. Disponible en el anexo IV de *códigos QR*

Complementariedad, principio de

Principio operacional del MPF que asegura que los impulsos PF, que se agregan para producir acciones PF, lo hagan complementándose, posibilitando el carácter unidireccional, discrepante e, incluso, antagónico de éstas.

Conectividad, principio de

Principio operacional del MPF alusivo al imprescindible recurso a las modernas tecnologías de la infocomunicación y a la accesibilidad, a través de ellas, a los instrumentos políticos de aplicación de la técnica asociativo-decisional de participación fraccionada.

Confidencialidad opcional, principio de

Principio modulador del MPF que aporta seguridad al quehacer participativo al contemplar diversas fórmulas de anonimia, dirigidas a minimizar o eliminar por completo el mayor o menor riesgo personal, de diversa índole, que puede aparejar al ejercicio del republicanismo.

Cooperación, principio de

Principio operacional del MPF que pone de relieve el carácter cooperativo —expreso o tácito— del proceso D+A.

Democracia ciudadana

Conjunción inteligente y equilibrada de democracia representativa, participativa, semidirecta y directa. La construcción de una democracia ciudadana exige: reducir la democracia representativa a sus justos términos, fomentar las vías y los medios de la democracia participativa, mejorar el acceso a los procedimientos de democracia semidirecta, ampliando sus esferas de actuación e introducir paulatinamente prácticas de democracia directa.[7]

---

[7] Término propuesto por el Prof. Soriano. *Vid* Soriano, R.; Rasilla, L., Democracia vergonzante y ciudadanos de perfil, op.cit.

Democracia ecociudadana

Democracia ciudadana, legitimadora del ejercicio de la ecociudadanía, dotada de los instrumentos de enseñanzaaprendizaje y de acción políticas que se requieren al efecto.

Derecho-deber de ecociudadanía

Derechodeber de todo ciudadano/a, con independencia de su nacionalidad o eventual situación de apatridia, de participar directamente en los asuntos públicos que afectan a la comunidad internacional en su conjunto —*res pública planetaria*—, pudiendo recurrir para ello a cuantos instrumentos de acción política, individuales o colectivos, estime pertinentes.

Desagregación-agregación del quehacer participativo, principio de

Principio inspirador del MPF, inductor del proceso de desagregación-agregación (proceso D+A) del quehacer participativo que está en la base de la participación fraccionada.

Desagregación de la acción participativa

Proceso inicial o previo de partición, división, fragmentación o descomposición de la acción participativa, inducido por la IPF, para generar oportunidades PF.

Ecociudadanía; ciudadanía mundial, ciudadanía global

Eco, del griego *oixo* que significa casa, morada, ámbito vital... y *ciudadanía*, condición del nacional de un Estado, sujeto pleno de derechos y deberes, facultado para intervenir en su gobierno. Condición de todo ser humano, titular de una parte alícuota de la soberanía mundial, legitimado para intervenir, con independencia de su adscripción nacional, en cualesquiera asuntos públicos en pro del desarrollo humano de todos los habitantes del planeta, mediante la satisfacción de sus necesidades, sin comprometer el de las futuras generaciones.

Ecociudadanía, principio de; autoatribución de legitimidad participativa, principio de

Principio motivador del MPF de autoatribución de legitimidad participativa en el gobierno de la res publica global, responsable de que la IPF incorpore la dimensión planetaria de la ciudadanía y el conjunto de funciones inherentes a su ejercicio.

Ecociudadano/a

Ciudadano/a, consciente de su pertenencia a la sociedad sostenible y de responsabilidad global, que decide autoatribuirse, en el ejercicio de su plena autonomía de voluntad, legitimación para intervenir en el gobierno de la res pública planetaria y actúa en consecuencia. Ciudadano/a con actitud ecociudadana.

Ecociveocio

(*Eco*, del griego *oixo* —casa, morada, ámbito vital...— para resaltar el ámbito planetario común de los seres humanos; *cive*, del latín *civicus*, de *civis* relativo al ciudadano y ocio del latín *otium*). Modalidad de civeocio que incorpora la dimensión global o ecociudadana.

Ecociveocio, principio de

Principio complementario del MPF, responsable de que la IPF asocie la instrucción —y la autoinstrucción— cívicas y el ejercicio del derecho de participación política al fenómeno del ocio.

Ecociveturismo

Modalidad de civeturismo que incorpora la dimensión global o ecociudadana.

Ecociveturismo, principio de

Principio complementario del MPF, responsable de que la IPF asocie la instrucción y la autoinstrucción cívicas y el ejercicio del derecho de participación política al creciente fenómeno de la movilidad derivada de la actividad turística.

Ediacción

Del latín *editĭo, ōnis* y *actĭo, ōnis,* edición que incluye recursos para la acción. Vocablo que aporta a la literatura, y a la escritura en general, una función inédita e insospechada inductora de la inexorable transición hacia la actolectura generalizada del futuro. Función que presupone la incorporación de adelantos por venir en el ámbito de la ingeniería política y social hoy inimaginables. Original simbiosis entre literatura y política que, al abrir de par en par las puertas a la actoescritura, condicionará el hecho mismo de escribir y de editar. Término, asociado al modelo de participación fraccionada, propuesto por el autor en 2015.[8]

Efecto moderación-adulteración

Pérdida de autonomía que conlleva la moderación y adulteración de sus objetivos y estrategias susceptible de afectar a las asociaciones de participación política al ser controladas o absorbidas por instituciones gubernamentales. Trance de moderación, abdicación e integración institucional, demasiado frecuente, que suele acarrear la pérdida del vigor y la libertad crítica y la merma de la confianza ciudadana.

Ejercicio de observatorio

Actividad de AAE programada adrede para el desempeño de la función I+C en el seno de un observatorio o subobservatorio en funcionamiento. Puede formar parte de una actividad ecociveturística, o puede desarrollarse en un aula o taller presencial o llevarse a cabo a distancia, vía internet. Su objetivo es el adiestramiento en la técnica asociativo-decisional de la participación

---

[8] *Vid* Rasilla, L.; *De la edición a la ediación: en la senda de la actoescritura y la actolectura.* Disponible en el anexo IV de *códigos QR.*

fraccionada, mediante la puesta a disposición de los participantes de oportunidades PF prediseñadas al efecto.

Estrategia ECOCIUDADANIA 3.0.
Estrategia para la experimentación y el desarrollo cooperativo del MPF y la IPF. Inicialmente incluye las iniciativas *PAUTA/e 3.0, OPTa, ALE LEA, WIKIACCIÓN* y *PMICO*.

Fragmentación, principio de
Principio responsable de la inducción por la IPF del doble proceso interactivo de desagregación de la acción o quehacer participativo y de agregación de impulsos PF característicos del MPF.

Función asociativo-decisional, función A+D
Función de la IPF que modula la realización práctica del quehacer asociativo-decisional convencional al incorporar las nuevas dimensiones del asociacionismo blando y de la participación a la carta, propias del MPF.

Función de enseñanza-aprendizaje, función E+A, función aula
Función de la IPF para la instrucción —y autoinstrucción— cívica en el ejercicio del derecho de participación política.

Función de encuentro y debate, función E+D, función foro
Función de la IPF dirigida a posibilitar el encuentro y el intercambio de ideas —a distancia y presencial— entre sus usuarios.

Función de información y asesoramiento, función I+A, función de asesoría
Función de la IPF dirigida a facilitar que el ejercicio del republicanismo pueda llevarse a cabo con un adecuado conocimiento de causa en el manejo de los asuntos públicos, en su dimensión ecociudadana.

Función de iniciativa y control, función I+C

Función de la IPF que concierne, de un lado, a las tareas de concepción, diseño, presentación y/o ejecución, por parte de la sociedad civil, de iniciativas consistentes en propuestas de soluciones a todo tipo de problemas concretos con relevancia pública; de otro, a las de comprobación, fiscalización y, en su caso, denuncia de cualesquiera acciones u omisiones con incidencia en los asuntos de interés general. Puede desdoblarse en sendos componentes, expresándola con el binomio I+C. Su plataforma o soporte específico en la IPF es el observatorio PF.

Función de recopilación y almacenamiento, función R+A, función archivo/registro

Función de la IPF que proporciona el archivo PF para el ejercicio de la participación fraccionada.

Función de coordinación y gestión, función C+G, función de agencia

Función de la IPF de respaldo logístico al ejercicio de la participación fraccionada incorporada a su *app PF* y complementada con el apoyo de organizaciones soporte.

Función de vigilancia y garantía, función V+G, función de defensoría

Función de la IPF orientada a la seguridad de sus usuarios y de las personas o instituciones afectadas.

Geopeefe

Contracción de generador de oportunidad de participación fraccionada —que se expresa en la actoescritura con el signo gOPf— que incorpora un enlace o hipervínculo susceptible de ser activado por el lector que desee publicar en *Internet* sus propias propuestas de acción.

Impulsos PF de liderazgo

Decisiones políticas ciudadanas, individuales o colectivas, que agregan o agrupan complementariamente impulsos PF de cooperación generando acciones PF de liderazgo.

Impulso de participación fraccionada, impulso PF, impulso PF de cooperación o impulso PF sucesivo de cooperación

Acto de participación política, individual o colectivo, realizado a través de una IPF, en respuesta a una oportunidad PF, capaz de complementar —o de ser complementado por otros— para agregarse o agruparse como acciones PF.

Infoalfa

Signo $i\alpha$ empleado en la actoescritura que incorpora un enlace o hipervínculo, susceptible de ser activado por el actolector, para obtener información que le ayude a actuar con conocimiento de causa.

Instancia de participación fraccionada, IPF

Prototipo genérico de instrumento político de nueva generación, autónomo, plural, autoinstructivo, virtual e interactivo, para el asociacionismo blando y la participación a la carta, capaz de desencadenar un quíntuple y permanente efecto de autofinanciación, autoregulación, autoexpansión, autorenovación y autogeneración, dotado de una *app PF* y susceptible de uso individual y colectivo, por un número indeterminado de ecociudadanos/as PF.

Liderazgo abierto, principio de

Principio modulador del MPF que incorpora a la IPF la extensión del principio de rol variable al ejercicio de liderazgos, representación y portavocías espontáneos y cambiantes.

**Modelo de participación fraccionada (MPF),
de participación sucesiva, desagregativo-agregativa
o por impulsos complementarios**
Técnica asociativo-decisional inédita que, por la interacción de las modalidades de asociacionismo y de participación extremadamente flexibles que propicia y la incorporación explícita de componentes cívicos o republicanos en los hábitos placenteros de los seres humanos, asociados a su creciente movilidad real o virtual, es susceptible de inspirar instrumentos políticos de nueva generación, aptos para estimular exponencialmente la autoformación y la acción políticas de modo directo, generalizado, eficiente, en condiciones de autonomía y pluralismo y sin restricción alguna.

**Observatorio PF, observatorio de iniciativa y control,
observatorio I+C, observatorio de participación
fraccionada, observatorio ecociudadano**
Soporte o plataforma virtual *ad hoc* para el ejercicio, individual o colectivo, de las funciones ecociudadanas de I+C de la IPF, mediante la técnica asociativo-decisional de la participación fraccionada.

Observatorio aula
Observatorio PF en el que prima la finalidad didáctica.

Observatorio específico
Observatorio PF, inducido o no por un observatorio o sub-observatorio anterior, que abre un nuevo ámbito genérico de observación.

Observatorio laboratorio
Observatorio PF en el que prima la finalidad experimental.

Observatorio marco

Observatorio PF genérico concebido para dar cabida en su seno a sub-observatorios.

Observatorio de resultado

Observatorio PF propiamente dicho en el que prevalece la intencionalidad de alcanzar un objetivo político, bien proponiendo o buscando soluciones —observatorio de iniciativa— o ejerciendo el control del poder —observatorio de control—.

Oportunidad de participación fraccionada, oportunidad PF

Opción participativa, propia del MPF, resultante de la descomposición o fraccionamiento del desarrollo potencial del quehacer participativo.

Participación a la carta

Dimensión del quehacer participativo inherente al MPF que sustituye los habituales procesos formales de adopción y ejecución de decisiones, basado en el acuerdo mayoritario, por procesos D+A que aprovechan la previa desagregación del quehacer participativo en oportunidades PF, para la aportación de impulsos PF, que pueden agruparse y ordenarse complementariamente como acciones PF. [9]

PAUTA, Plataforma para la autoformación y la acción

Original y potente prototipo de soporte genérico para la autoformación y la acción capaz de desencadenar procesos autoexpansivos exponenciales, garantes de su propia continuidad, autorenovación y autofinanciación. Recurso educativo *sui géneris*, susceptible de usarse en cualquier proceso de enseñanzaapren-

---

9 *Vid.* Rasilla, L.; *Asociacionismo blando y… op. cit.*

dizaje que pretenda ser abierto, colectivo, mixto, polivalente, flexible, permanente, autónomo, plural, comprometido, atractivo, desinteresado, asequible, accesible, autofinanciable, autorenovable, potencialmente ilimitado, transferible, útil, eficiente, y dinamizador. Concebido en el ámbito del Proyecto INTER/SUR para llevar a cabo procesos de autoaprendizaje y participación a gran escala.

PAUTA/ecociudadana

Plataforma para la autoformación y la acción diseñada ex profeso para experimentar colectivamente, expandir con facilidad el MPF y generar con rapidez en la sociedad civil hábitos autoformativos y participativos de naturaleza ecociudadana.

PAUTA/ecociudadana universitaria

Pauta/ecociudadana promovida y organizada en estrecha colaboración entre centros universitarios y organizaciones civiles.

Proceso de desagregación-agregación, proceso D+A

Proceso, inspirado por el principio de desagregación-agregación del quehacer participativo, propio del MPF, mediante el que éste se desagrega fraccionándose en oportunidades PF, que pueden transformarse en impulsos PF para, agregándose o agrupándose complementariamente, generar acciones PF.

Proyecto INTER/SUR, Proyecto INTER/SUR para la innovación política y la ecociudadanía, INTER/SUR

Proyecto no gubernamental de investigación en el ámbito de la ingeniería política y social, autónomo, plural y sin ánimo de lucro, cuyo objeto es la innovación política y educativa y, especialmente, la investigación y la experimentación colectivas de instrumentos alternativos de intervención en los asuntos públicos a escalas local, estatal, regional y global.

Publicidad o transparencia, principio de

Principio operacional del MPF que asegura la publicidad o transparencia permanente del proceso D+A.

Red de participación fraccionada (RPF)

Propuesta de red basada en el MPF, que puede asociarse a la World Wide Web (WWW) para encauzar la senda del presente y venidero *homo ociosus* hacia un ocio autoinstructivo, creativo y vigilante en lo político, orientado a la defensa de la *res pública* global, capaz de contribuir decisivamente a franquear los escollos al ejercicio directo de la ecociudadanía

Republicanismo

De *res publica*, cosa pública; distinta de *res privata* o cosa privada y de *res institutionale* o cosa institucional, viene república. Dícese de la preocupación de la sociedad civil por los asuntos públicos.

Republicanismo global

Republicanismo ejercido con actitud ecociudadana.

Rol variable, principio de

Principio modulador del MPF que incorpora a la IPF la libre elección y en todo momento del papel o rol que deseen desempeñar.

Anexo 4

OTRAS PUBLICACIONES DEL AUTOR

El autor te invita a acceder libremente a la versión digital completa en *pdf* de las siguientes obras suyas abriendo el correspondiente *código QR* insertado en la portada.

Pentalogía
El amanecer de una democracia inesperada

I parte

Puedo, puedes... ¿podemos?
¿Innovación política o populismos?
Luis de la Rasilla

PUEDO, PUEDES... ¿PODEMOS? trata de responder a la pregunta ¿fue el Movimiento 15M una oportunidad perdida? O, más exactamente, ¿lo fue para acometer la urgente tarea colectiva de innovar en política? Esto es, ¿de concebir, experimentar y poner a punto nuevos útiles, superadores del modelo obsoleto del partido político, de aprendizaje, iniciativa y control que posibiliten una gobernanza sostenible en el horizonte del ejercicio directo y global de la participación política?

El autor cree que es viable y explica cómo afrontar el reto de implementar el decálogo mínimo de funciones exigibles a las herramientas políticas de nueva generación: 1) inducir procesos autoinstructivos eficientes que coadyuven a incrementar exponencialmente la cultura política; 2) desbordar el corsé Estado-nacional de actuación; 3) autogenerar las imprescindibles condiciones de autonomía y pluralismo; 4) precisar escasa o nula necesidad de institucionalización; 5) flexibilizar los procesos asociativos incorporando todo hecho asociativo imaginable, desde el más institucionalizado y permanente, hasta el más espontáneo, informal y transitorio; 6) dinamizar el quehacer participativo; 7) prescindir de todo tipo de militancia o membrecía en beneficio de la condición de usuario; 8) socializar el protagonismo político tornando innecesarios los liderazgos al uso basados en la asunción exclusiva de la iniciativa, la dirección y la representación por uno o escasos dirigentes; 9) admitir en su seno la cohabitación de enfoques y de actuaciones pluridireccionales, incluso antagónicas; en fin; 10) potenciar el carácter virtual de la acción política —en red, pero no enredados—, minimizando el componen-te asambleario y callejero. Y eso gracias a su propuesta de técnica asociativo-decisional de nueva generación: la participación fraccionada…

II parte

Pasota o implicado
Construyendo la ecociudadanía del futuro.
Luis de la Rasilla

PASOTA O IMPLICADO desarrolla la estrategia, anunciada en *PUEDO, PUEDES... ¿PODEMOS?*, concebida para propiciar los imprescindibles procesos colectivos de información, reflexión, experimentación y puesta a punto de la técnica asociativo-decisional de la participación fraccionada. Tres propuestas inéditas, íntimamente interrelacionadas, para la autoformación y la acción políticas a gran escala en el horizonte del ejercicio directo de una inusitada nueva democracia: *INTERUNIVERSIDAD ABIERTA, PAUTA/e 3.0* y *WIKIACCIÓN.*

OpTA (Optimiza tu aptrendizaje) es una iniciativa provocadora que propone una medida de choque expeditiva, un brusco golpe de timón que aspira a contribuir a encauzar la sociedad hacia un futuro expectante. En concreto, la aplicación del principio docente de plena competencia interuniversitaria. Un principio, capaz de actuar per se cómo potente y eficaz revulsivo de una docencia agotada, que liberaría cantidades ingentes de recursos humanos y materiales susceptibles de reasignarse, con criterios innovadores, entre los tres vértices del triángulo del conocimiento —educación, investigación e innovación—. Una vuelta de tuerca al ejercicio de la libre competencia que daría paso a un nuevo derecho de docentes y discentes y posibilitaría el desembarco de las interuniversidades abiertas: las auténticas estrellas del futuro mercado de enseñanza superior con sus atractivos y accesibles campus virtuales especializados. Campus virtuales complementados con un nuevo modelo de presencialidad —reducida, pero más intensa, útil, plural y gratificante— asociado a la inevitable creación en los actuales campus de atractivos espacios y ambientes de convivencia y de enseñanza-aprendizaje abiertos no sólo a sus exiguos destinatarios tradicionales, sino a otros muchísimos usuarios potenciales hoy excluidos de las aulas universitarias. Una propuesta-revulsivo, necesitada de un profundo proceso de estudio, reflexión y debate colectivos, a la que se opondrán escandalizados los responsables gubernamentales, los dirigentes universitarios y la gran mayoría del profesorado puesto que, de una vez por todas, pondría el punto final a la universidad... que conocemos.

PAUTA/e 3.0 —acrónimo de plataforma 3.0 de autoformación y acción ecociudadanas— es una modalidad de herramienta *suis generis* de aplicación experimental de la participación fraccionada a la autoformación y a la acción ecociudadanas. Consta de un conjunto articulado de soportes especializados de libre utilización por un número de participantes potencialmente ilimitado. Concebida para desencadenar, a partir de un determinado umbral de intervinientes, procesos autoexpansivos exponenciales garantes de su propia continuidad, autorenovación y autofinanciación tiene la doble finalidad de posibilitar la experimentación y el desarrollo cooperativo de la participación fraccionada y aplicarla a la enseñanza-aprendizaje y al ejercicio de la ecociudadanía. Es una propuesta abierta que, de acometerse de manera generalizada, pondría a disposición de la sociedad un potente instrumento para estimular a gran escala hábitos permanentes de aprendizaje y de comportamiento ecociudadanos.

WIKIACCIÓN: Si wikipedia es una popular enciclopedia virtual colaborativa de libre acceso, WIKIACCIÓN aspira a ser una especie de enciclopedia de la acción o soporte global interactivo dirigido específicamente a facilitar el ejercicio de la ciudadanía mundial o ecociudadanía, mediante la puesta a disposición de los ecociudadanos de una exhaustiva y sistemática recopilación de propuestas de acción. Una invitación a asumir el reto colectivo de construir colaborativamente una agenda global de la acción ecociudadana. Algo imprescindible para la generalización de esa nueva modalidad de la ecdótica: la EDIACCIÓN que abrirá el camino a la actoescritura y, por ende, a la actolectura.

III parte

Asociacionismo blando y participación a la carta
Más alla de toda democracia conocida
Luis de la Rasilla

El autor parte de la firme convicción de que el futuro nada tendrá que ver con lo actualmente conocido. ¿Cómo reaccionaría el ser humano si no tuviese que trabajar o, a lo sumo, hacerlo durante un par de horas al día? El pronóstico es que la expectativa de sustitución del actual modelo energético piramidal, basado en los combustibles fósiles, por otro alternativo de estructura horizontal, que proporcionase energía eficaz en condiciones de fácil disponibilidad, escaso precio y nulo impacto ambiental, asociado a los avances tecnológicos por venir en el campo, entre otros, de la infocomunicación y de la robótica, conllevaría —como han apuntado Rifkin y otros autores— la posibilidad real de producir bienes y servicios para todos los seres humanos con sólo una mínima parte de la fuerza de trabajo requerida en la actualidad.

Ya el propio Keynes, en su *Essays in Persuasion*, predijo que en el futuro la Humanidad deberá afrontar como problema global la utilización de su nueva independencia con respecto a las preocupaciones económicas y, en consecuencia, replantearse la existencia y su nuevo rol en el planeta Tierra. De hecho, ya en nuestra época, la transformación del tiempo libre en ocio, mediante el recurso a una innumerable gama de actividades de consumo generadoras de movilidad —real y virtual— cada vez más insospechada, propicia un nuevo y sugestivo espacio de socialización cuyas casi inimaginables potencialidades —buenas, indiferentes o perversas— no deberían despreciarse por muy lejanas o utópicas que puedan antojársenos.

Lo cierto es que, guste o no, se crea o no se crea, un nuevo *homo ociosus* nos espera. De ahí que, hace bastantes años, comenzara a cuestionarme si sería viable comenzar a encauzar deliberadamente el tiempo libre del ser humano hacia un modelo de ocio autoinstructivo. Un modelo que primase el interés por los asuntos públicos y recondujese progresivamente nuestra larga evolución de *homo depredator, cultor, faber, creator, ociosus* en *homo republicanus*. Un flamante y generalizado *homo republicanus*, utópico hoy, tangible tal vez mañana, capaz de hacer realidad el ideal político del ejercicio responsable y generalizado de una democracia ecociudadana directa en la que los nuevos ecociudadanos, dotados de útiles políticos de nueva generación, asuman por fin el papel usurpado por sus poco escrupulosos y nada eficientes representantes políticos.

IV parte

El fin de la universidad... que conocemos
Luis de la Rasilla

¿Qué hacer ante una institución corroída y abusada, compuesta por un conglomerado de 84 universidades —50 públicas— en las que cursan sus estudios casi un millón y medio de estudiantes, en tantos aspectos cautivos, que no parecen constituir la principal preocupación de la mayoría del profesorado?

El autor hace una propuesta provocadora: la adopción de una medida de choque expeditiva, un brusco golpe de timón que encauzaría nuestra universidad hacia el futuro. En concreto, complementar la tan cacareada movilidad estudiantil con una inédita libre movilidad total de asignaturas mediante la aplicación del principio docente de plena competencia interuniversitaria. Un principio, capaz de actuar *per se* cómo potente y eficaz revulsivo de una docencia agotada, que liberaría cantidades ingentes de recursos humanos y materiales susceptibles de reasignarse, con criterios innovadores, entre los tres vértices del triángulo del conocimiento: educación, investigación e innovación. Una vuelta de tuerca al ejercicio de la libre competencia que daría paso a un nuevo derecho de docentes y discentes y posibilitaría el desembarco de las interuniversidades abiertas: las auténticas estrellas del futuro mercado de enseñanza superior, con sus atractivos y accesibles campus virtuales especializados.

Campus que, lejos de acabar con la convivencia estudiantil y la irrenunciable relación presencial profesor-alumno, las modificaría, revitalizándolas enormemente. Se abriría paso un nuevo modelo de presencialidad —reducida, pero más intensa, útil, plural y gratificante— asociado a la inevitable reconversión de los actuales campus en atractivos espacios y ambientes de convivencia y de enseñanza-aprendizaje complementarios de la docencia virtual. Opción, además, socialmente mucho más rentable, ya que estaría abierta no sólo a sus exiguos destinatarios tradicionales, sino a otros muchísimos usuarios potenciales hoy excluidos de las aulas universitarias. Una propuesta-revulsivo, necesitada de un profundo proceso de estudio, reflexión y debate colectivos, a la que se opondrán escandalizados los responsables gubernamentales, los dirigentes universitarios y la gran mayoría del profesorado. De ahí que su viabilidad dependa esencialmente de la actitud que adopten los estudiantes y de su capacidad para movilizarse y convencer a la sociedad de la necesidad de poner punto final, de una vez por todas, a la universidad... que conocemos.

La cooperación al subdesarrollo de Guinea Ecuatorial
Oportunidades perdidas y propuestas frustradas en la década de los ochenta. Relato documentado de un cooperante
Luis de la Rasilla

España, el país *"sin fuerza para litigar"*, que en el París bullicioso de los albores del siglo XX apenas pudo salvar algunos jirones de sus viejas posesiones en el Golfo de Guinea, reaparece, a punto de finalizar el milenio, en el París amigo y socialista del ocaso, sin credibilidad para... cooperar.

Relato documentado: a) de un nuevo fracaso en África por la probada incompetencia de los Gobiernos de la época; b) de cómo la opinión pública fue reiteradamente engañada por los sucesivos responsables gubernamentales y, en general, por una clase política que, a pesar de las abrumadoras denuncias de los medios de comunicación y de la evidencia de los hechos, tardó nueve años en decidir la constitución de una Comisión Parlamentaria que, a pesar de las maniobras de su presidente para evitarlo, constató el fracaso; c) de la pertinente denuncia ciudadana ante la opinión pública y las Cortes; d) de la inaceptable actitud de los políticos españoles ante un tema demasiado complicado e insignificante como para permitir que se interpusiera en sus carreras; e) de cómo se toleró el rebrote de los viejos hábitos coloniales que hicieron el juego a grupos minoritarios que manejaron sin escrúpulos los hilos de la política de cooperación con total impunidad; f) de la malversación del dinero del contribuyente, con el agravante de causar perjuicios irreparables a los destinarios de los fondos de ayuda al desarrollo —un pueblo que estaba y sigue estando en la miseria—; g) de cómo los nuevos demócratas, sin la existencia de un estatuto del cooperante, impusieron fácilmente el silencio a los testigos cualificados, represaliando y violando los derechos constitucionales de quienes se atrevieron a denunciar los hechos; h) del relevo de España por Francia en Guinea Ecuatorial como fórmula para salvaguardar *in extremis* los intereses occidentales dominantes en la zona; i) de la pérdida de toda credibilidad para cooperar al desarrollo; j) de las oportunidades perdidas tras el abandono de la estrategia que se plasmó en el frustrado Pacto de Madrid para la Democratización y el Autodesarrollo de Guinea Ecuatorial, de marzo de 1989; en fin, k) de la responsabilidad en ello del presidente González Márquez y de los ingenuos dirigentes de la oposición ecuatoguineana que se dejaron embaucar.

Plataforma multimodal de interconexión civeturística y ocupacional

Luis de la Rasilla

Una plataforma multimodal de interconexión civeturística y ocupacional puede definirse como soporte viario integral y permanente de la movilidad multimodal, inducida por una oferta civeturística interconectada, en un área espacial concebida como unidad pluritemática de esparcimiento y aprendizaje.

El origen de la *Plataforma multimodal de interconexión civeturística y ocupacional* (PMICO) es la propuesta de *Red costera multimodal de interconexión turística integral de la franja litoral de la provincia de Huelva,* (RCM) incluida en el *Estudio previo de los accesos al corredor litoral occidental onubense y mejora de la conectividad interna* que, a finales de los noventa, la Consejería de Obras Públicas de la Junta de Andalucía encargó a la consultora *INYSUR, S.L.*

Dos décadas después, *PMICO,* concebida en el contexto coyuntural de la crisis provocada por la COVID-19 y en el horizonte de la ineludible transición global a la sostenibilidad, rediseña *RCM* y la reformula como plataforma-tipo susceptible de activarse en cualquier área espacial que opte por ofertarse como unidad pluritemática de esparcimiento y aprendizaje. Una plataforma sui géneris, cuyo diseño, puesta en marcha y ejecución piloto bien podría tener lugar en la Comunidad Autónoma de Andalucía, tanto litoral, como interior, en el ámbito del futuro Plan General de Turismo Sostenible de Andalucía META 2027.

Como aquella —y esto es esencial para su correcta comprensión— se inspira en el modelo o técnica asociativo-decisional de participación fraccionada (*MPF*). Modelo que, tras apuntar el papel crucial que en el futuro, ¿qué futuro?, desempeñará el creciente fenómeno del ocio en la profundización de la democracia, apuesta por comenzar a incorporar el componente cívico de manera natural y sugerente en los hábitos de ocio placentero de los seres humanos, en especial en el ámbito de la movilidad asociada a los desplazamientos geográficos y al turismo. Algo, dicho sea de paso, que va bastante más allá de lo que propone el denominado turismo experiencial o turismo de experiencias.

Trilogía (e. novela de texto)
Noticia de un amanecer fugaz
Luis de la Rasilla

En 2012, entre la radiante primavera de Sevilla, cuando el azar de azahar que revoloteaba el campus se posó inopinadamente en ella, y el fascinante otoño de Nueva Inglaterra —de cielos con nimbos de tormenta—, se sucede un reguero de lances al socaire del hechizo romántico que atrapa a un profesor y a una joven y encantadora periodista. Él, Álvaro —un francotirador que, metamorfoseado en impetuoso y solitario gladiador, ya se embosca tras la gigantesca ceiba, ya salta a pecho descubierto a la arena—, más atento al futuro que al pasado; ella —de cautivadora sonrisa y fino deje sevillano—, a ambos. Él, obsesionado con el incierto futuro de la democracia directa y del federalismo global, se aventura con un grupo de universitarios en los Andes, la Amazonía y el Pacífico para debatir con ellos sus ideas; ella —Tere para todos, para él Teresa—, alborozada en el enigma, se empeña en hurgar en las nuevas heridas infligidas, en los años ochenta, a un pueblo pluriétnico —ahora señor, por supuesto, mas esclavo de la geografía artificial y dispersa de los que antaño fuesen territorios españoles del Golfo de Guinea— sometido a una tensión inaudita entre la golosina y los ancestros.

Una crónica a dos voces que arranca con el sacrificio de una misionera española —universitaria inteligente y honesta, asesinada, ante la indiferencia del Gobierno y de las Cortes, por haberse atrevido a vencer la complicidad del silencio— y la desaparición de la niña testigo. Discurre entre las reflexiones —bajo la carpa blanca, apostada frente a la inmensidad del Atlántico, de los Cursos de Verano de Doñana; a bordo del *"Isla de Corisco"*; los salones del Continental de Tánger; a la vera de los bellos fiordos de Noruega; ante las inquietantes fauces del Tungurahua y del Cotopaxi; en el silencio del Sahara; los misterios de la Amazonía o el *portentoso susurro nocturno de la selva africana*— en torno a una nueva ciudadanía global —la *ecociudadanía*—, el inaplazable fin de la universidad que conocemos, las vicisitudes de los refugiados, el horizonte energético, el surgimiento del *homo ociosus* o la irrupción de los nuevos instrumentos políticos que ni se imaginan los más bienintencionados e ilusos miembros del mismísimo 15M o de Podemos.

Compuesta por *Azar de azahar, Quiebra el albor* y *Despierta la libélula*.

AZAR DE AZAHAR

DESPIERTA
la LIBÉLULA
Luis de la Rasilla
III Parte de la trilogía
NOTICIA DE UN AMANECER FUGAZ

Eurídice y yo
Rumbo *a una democracia inexplorada*
100 ideas y propuestas inéditas
Luis de la Rasilla

En plena pandemia de la COVID-19, ante la insólita oportunidad de una forzada experimentación masiva a escala mundial de la enseñanza virtual, *on line* o a distancia, el autor riza el mito de Orfeo. ¿Cómo? Convirtiendo al tracio en sigla de *ORDENACIÓN RACIONAL Y FLEXIBLE DE UNA EDUCACIÓN OBSOLETA*. Invitando a Eurídice, acrónimo de *ESTUDIANTE UNIVERSITARI@ REHÉN INERME DE UNA DOCENCIA INSOSTENIBLE CARCOMIDA POR LA ENDOGAMIA*, a reflexionar sobre el presente y el futuro de la universidad, el papel decisivo de los estudiantes, la urgencia de potenciar exponencialmente el empoderamiento ciudadano y de hacerlo en el ámbito de una democracia, aún inexplorada, que deje para siempre de pivotar sobre el actual juego trucado de los obsoletos partidos políticos.

Y lo hace para llamar la atención sobre un creciente sinsentido en pleno apogeo de la sociedad del conocimiento: el tozudo e interesado empeño de las universidades convencionales en que su alumnado malgaste el tiempo imponiéndoles la asistencia a interminables horas de clases presenciales. Práctica, en muchísimas ocasiones infructuosas y siempre, salvo en los supuestos de prácticas inevitables, despilfarradoras de tiempo de enseñanza-aprendizaje y de recursos, humanos, materiales y medioambientales.

¿COVID-19 versus universidad? Claro. La primera ante la generalizada alerta que ha hecho saltar sobre la potencial perversa tentación de control o de vigilancia totalitaria sobre los individuos que brindan al poder las nuevas tecnologías; la segunda, por constituir la base esencial del el empoderamiento ciudadano, único antídoto conocido. Un proceso personal que parte de la toma de conciencia de la realidad, arranca con la motivación para mejorar la sociedad, se nutre de información veraz, crece con la capacitación crítica y se manifiesta en el ejercicio responsable, individual y/o colectivo, de la ciudadanía. De ahí la irrenunciable apuesta por forzar urgentemente un inédito escenario de coordinación interuniversitaria que provea, en un contexto de creciente demanda mundial, una oferta de enseñanza de máxima calidad, mínimo coste, alta flexibilidad y fácil acceso, que libere ingentes cantidades de recursos necesitados por la investigación y la innovación. Algo que sólo puede ser el resultado de asestar un corte de cizalla a la cadena monopolística que sustenta todo sistema universitario conocido: el privilegio ancestral que constituye el derecho exclusivo de cada universidad a enseñar, evaluar y acreditar para el ejercicio profesional. Y es que la reglamentación jurídica de la enseñanza superior debe estructurarse en torno a un nuevo eje vertebrador presidido por el *PRINCIPIO DOCENTE DE PLENA COMPETENCIA INTERUNIVERSITARIA (PDPCI)*. Apuesta ésta que, por prometedora que sea, es a todas luces inviable sin la socialización generalizada en términos de sociedad internacional o global —el tránsito individual y colectivo de la ciudadanía a la ecociudadanía—. Una tarea colectiva de tal envergadura que resultará inabarcable para la sociedad sin el diseño y la puesta a punto de útiles políticos de nueva generación capaces de substituir una democracia disfuncional, que siempre ha girado y gira en torno al juego trucado de los partidos políticos, por una democracia ecociudadana que debe ser directa y, sólo excepcionalmente, democracia representativa.